本书受到四川外国语大学2020年度学术专著后期资助项目
（sisu 202065）的资助

多语地区外语学习者学习生活研究

杨金龙 ◎ 著

中国社会科学出版社

图书在版编目(CIP)数据

多语地区外语学习者学习生活研究/杨金龙著. —北京：中国社会科学出版社，2022.8
ISBN 978-7-5227-0528-6

Ⅰ.①多… Ⅱ.①杨… Ⅲ.①少数民族—外语—学习方法—研究 Ⅳ.①H3

中国版本图书馆 CIP 数据核字（2022）第 128928 号

出 版 人	赵剑英
责任编辑	陈肖静
责任校对	刘 娟
责任印制	戴 宽

出　　版	中国社会科学出版社
社　　址	北京鼓楼西大街甲 158 号
邮　　编	100720
网　　址	http://www.csspw.cn
发 行 部	010-84083685
门 市 部	010-84029450
经　　销	新华书店及其他书店

印　　刷	北京明恒达印务有限公司
装　　订	廊坊市广阳区广增装订厂
版　　次	2022 年 8 月第 1 版
印　　次	2022 年 8 月第 1 次印刷

开　　本	710×1000　1/16
印　　张	16
插　　页	2
字　　数	203 千字
定　　价	88.00 元

凡购买中国社会科学出版社图书，如有质量问题请与本社营销中心联系调换
电话：010-84083683
版权所有　侵权必究

目 录

序 ……………………………………………………（ 1 ）

第一章　引言 ……………………………………（ 1 ）
　第一节　研究背景 ………………………………（ 1 ）
　第二节　问题的提出 ……………………………（ 3 ）
　第三节　研究意义 ………………………………（ 5 ）
　第四节　研究问题 ………………………………（10）
　第五节　全书结构 ………………………………（11）

第二章　文献综述 ………………………………（14）
　第一节　学习生活 ………………………………（14）
　第二节　外语学习焦虑 …………………………（23）
　第三节　冲突与语言冲突 ………………………（37）
　第四节　研究缺口 ………………………………（47）

第三章　理论框架与研究思路 …………………（51）
　第一节　现象哲学 ………………………………（51）
　第二节　心理场论 ………………………………（56）

第三节 研究思路 …………………………………………（59）

第四章 研究设计 ………………………………………（64）
第一节 研究方法 …………………………………………（64）
第二节 研究对象 …………………………………………（67）
第三节 研究者个人因素 …………………………………（72）
第四节 研究过程 …………………………………………（75）
第五节 研究的信效度及伦理 ……………………………（83）

第五章 英语学习焦虑现状与分析 ……………………（88）
第一节 目标群体的英语学习焦虑概况 …………………（88）
第二节 不同年级被试的英语学习焦虑差异 ……………（90）
第三节 不同性别被试的英语学习焦虑差异 ……………（91）
第四节 东乡、汉族被试的英语学习焦虑差异 …………（92）
第五节 量化研究结果 ……………………………………（93）

第六章 不屈的求学者——学生 J ……………………（95）
第一节 学前生活 …………………………………………（96）
第二节 "越上越糊涂"的初等教育 ………………………（98）
第三节 "没有人管"的中学教育 …………………………（102）
第四节 "一意孤行"的复读生活 …………………………（108）
第五节 迷茫的本科学习生活 ……………………………（111）
第六节 学生 J 的外语学习生活剖析 ……………………（119）

第七章 迷茫的奔波者——学生 L ……………………（128）
第一节 学前生活 …………………………………………（129）
第二节 "永远在路上"的小学教育 ………………………（132）

第三节　"上与没上一个样"的中学生活…………………(136)
　第四节　重拾欢乐的本科学习生活……………………(144)
　第五节　学生 L 的外语学习生活剖析…………………(152)

第八章　缄默的反抗者——学生 M……………………(160)
　第一节　学前生活…………………………………………(161)
　第二节　期盼已久的初等教育……………………………(163)
　第三节　压力剧增的中学生活……………………………(165)
　第四节　孤注一掷的高考复读……………………………(169)
　第五节　"低人一等"的本科学习生活……………………(171)
　第六节　学生 M 的外课学习生活剖析……………………(178)

第九章　语言冲突下的外语学习生活：困境与选择………(185)
　第一节　"生活世界"中的外语学习体验…………………(185)
　第二节　语言冲突与外语教育规划………………………(197)
　第三节　我国战略转型期的区域特色外语人才发展……(205)

第十章　结论………………………………………………(216)
　第一节　研究发现与启示…………………………………(216)
　第二节　研究局限与展望…………………………………(219)

参考文献……………………………………………………(221)

附录一　外语课堂焦虑量表………………………………(238)
附录二　第一阶段访谈提纲………………………………(242)

图目录

图 2-1　学习生活环境简图 …………………………………（18）
图 2-2　焦虑的信息处理过程 ………………………………（30）
图 2-3　语言冲突的功能维度 ………………………………（43）
图 3-1　心理生活空间内、外部结构关系图 ………………（58）
图 3-2　东乡族本科生学习生活的分析框架 ………………（62）
图 6-1　凤山乡鸟瞰图 ………………………………………（96）
图 6-2　凤山乡冯家坪小学 …………………………………（99）
图 6-3　学生 J 的学习生活分析框架 ………………………（119）
图 6-4　临夏市街头的阿、汉双语标牌 ……………………（125）
图 7-1　沿岭乡鸟瞰图 ………………………………………（130）
图 7-2　位于河谷深处的学生 L 家 …………………………（131）
图 7-3　东乡县和平小学 ……………………………………（133）
图 7-4　狭窄、崎岖的沿岭乡山路 …………………………（134）
图 7-5　伊斯兰文化浓郁的东乡县街道 ……………………（137）
图 8-1　位于达板镇十几公里外的拱北滩小学 ……………（164）
图 9-1　东乡县、临夏市的阿、汉语商业标牌 ……………（189）
图 9-2　汉语在两种双语教育模式中的串联作用 …………（191）
图 9-3　外语学习焦虑、语言冲突、外语教育规划
　　　　之间的关联 …………………………………………（206）

表 目 录

表 4-1 定量研究中的研究对象明细 …………………… (69)

表 4-2 个案研究对象基本信息表 ……………………… (71)

表 4-3 个案的数据收集类型及明细 …………………… (77)

表 5-1 目标群体的英语学习焦虑概况 ………………… (89)

表 5-2 不同年级被试的英语学习焦虑差异 …………… (90)

表 5-3 不同性别被试的英语学习焦虑差异 …………… (91)

表 5-4 东乡、汉族被试的英语学习焦虑差异 ………… (92)

序

　　学习焦虑是一种发生在学习者身上较为普遍的情绪。学习者对学习或对学习成绩的担忧、心烦、不安、厌烦、焦躁、惶恐甚至恐惧，往往会导致注意力涣散，记忆力减退，学习不专注、思维杂乱、情绪紧张、食欲减退、睡眠不良、易怒易躁等心理或生理问题。而外语学习焦虑涉及外语学习困难的特殊性以及外族文化和思维方式的差异，则增加了问题的严重性和复杂性。因此，长期以来，外语学习者的学习焦虑（FLA）问题受到教育学、心理学、语言学界的广泛关注。

　　大量研究表明，外语学习焦虑的影响因素不仅限于学习者年龄、性别、性格特征、语言水平等牵涉个体自身的变量，而且还涉及诸如语言环境、文化差异、互动语境等社会文化因素。值得注意的是，在对诸多 FLA 影响因素的探索过程中，学习者所处的语言环境到底对其 FLA 起到积极还是消极作用？学界尚未形成统一定论。譬如，西方一些学者认为，双语或多语环境会增强学习者学习另一门新语言的自信心，帮助学习者在跨文化交际中更从容；国内一些学者的实证研究则发现，双语或多语环境并不能缓解、甚至还会加重学习者的 FLA 程度。据此，我们可以推测，语言环境是影响学习者 FLA 水平的重要因素之一，但前者对后者到底持积极还是消极作用，受多种因素制约，应视具体国情、特定语情而定。

鉴于此，我所指导的博士生杨金龙对外语学习者的 FLA 开展了为期两年多的三项具有典型意义个案研究。杨金龙的专业素养和不懈努力确保了该研究的顺利开展，并取得了兼具学科创见的理论意义和教学引导的实践意义的研究成果。基于对研究成果的梳理、验证和拓展，杨金龙完成了具有填补学科研究空白意义的学术专著。

本书以我国典型的三语学习群体——甘肃省东乡族本科生为研究对象，采用量化与质性相结合的混合型研究方法，旨在探索东乡族本科生的多语环境是否、以及如何影响其 FLA 水平。研究结果发现，东乡族本科生的 FLA 水平显著高于同班级汉族本科生；在东乡族本科生的学习生活中，东乡语、汉语、英语、阿拉伯语在学习者的家庭、社区、学校等不同场域中充当不同的角色或功能。但是，东乡语与汉语、阿拉伯语与英语、汉语与英语之间在特定场合、特定阶段存在着潜在竞争性，这或许是影响学习者 FLA 的重要因素。

语言冲突以语言多样性为前提，不仅包含由语言文字问题引起的外显性激烈争斗，也包括语言竞争、语言矛盾、语言争端等隐性的语言不和谐现象。可见，上文提及的东乡语与汉语、阿拉伯语与英语、汉语与英语之间的潜在竞争性隶属于后者，即广义的语言冲突概念。据此，本书从社会文化视角出发，提出以和谐语言群体关系为根本目标的语言规划是语言冲突的重要调节机制之一，并进一步从外语教育规划的方方面面讨论了东乡族本科生的语言冲突与 FLA 的调适建议。

本书为进一步探索语言学习者的 FLA 问题提供了新启示：在双语或多语地区，学习者在其语言环境中接触到的各类语言不仅在特定语境下各自充当不同的角色或媒介，而且还会相互作用，产生积极或消极的影响。因此，双语/多语环境能否缓解学习者的 FLA，取决于各语种之间的互动到底是积极的，还是消极的。此外，本书从语言冲突视角出发，以语言规划理论为指导，对东乡族本科生 FLA 的缓解措施进行了探讨。这不仅为双语/多语地区学习者的 FLA 研究开拓了新视角，同时也为充分发挥东乡族外语学习者的语言文字与民俗文化优势，培养"一带一路"沿线国家所需的区域外语服务人才提供了方向。

是为序。

梅德明

2022 年 6 月 29 日

于上海外国语大学

第一章 引言

第一节 研究背景

20世纪初，西方哲学界（如Husserl、Heidegger、Wittgenstein、Habermas、Marx等）开始对当时的"科学与人性危机"进行再思考，认为自然科学的高速发展、理性主义所伴随的工具理性并不能够解释现实生活中的所有问题。虽然实证主义下的自然科学在一定程度上可满足人们对探索世界规律的渴望，但是追求实证、获取世界普遍规律的过程是以否定个人、失去真实生活为前提的。在这种"异在化"的理解与"扭曲"的价值（庞立生、王艳华，2003）追求过程中，人类开始逐渐脱离现实生活，盲目地以普遍规律、绝对主义为价值标准来规范与衡量整个世界。由此一来，工具理性所伴随的占有意识逐渐形成，世界更多地在功利层面被人们所理解，成为外在于人、由人类所支配与占有的现象世界，人与自然的关系变得不再平衡。Habermas（1994）认为，"生活世界"是"客观世界"、"主观世界"与"社会世界"的高度统一，且超越于上述三个维度。"生活世界"是社会、文化与自我的统一体，只有社会、文化和谐相适应，才能实现个体自我的全面发展；同样，个体的自我发展、文化的和谐再生产，才能够促进社会的稳步发展。Marx（1995）认为，自然并不是完全脱离于人与社会的，更不是等待人类去开发的"荒地"，而是人类的"对象性存在物"，与人类生活相辅相成，共同构成"生活世界"。因此，人类的现实生活、实践活动与生活世界的发展才是科学更应该关注的地方。

教育与生活是两个不同的概念，但二者之间存在着千丝万缕的关系。不论是教育，还是生活，其最重要的主体均是人。从人类的自身发展来讲，教育是个体的一种特殊生活方式；针对学生群体来讲，教育过程占据了其生活的绝大部分时光，是学生生活中最重要的构成部分之一。受德国实用主义哲学的影响，美国教育学家 J. Dewey 针对本国传统教育形式呆板、效率低下的弊端，提出"教育即生活"思想，认为教育并不完全是为将来的生活做准备：教育的过程亦是生活的过程，儿童应该在受教育的同时体验生活，在生活中学习知识。自此，学生在其学习阶段的生活体验成为教育学界的重要聚焦点之一。21 世纪初，在校学生的学习生活研究逐渐引起我国教育学界的关注，学者们从不同角度出发，强调了学习生活对教学生态、学生的德育培养等方面具有重要作用。

作为一个统一的多民族国家，多元的文化资源是我国的宝贵财富。与汉族学生相比，我国少数民族学生群体在其学习过程中所面对的影响因素更加多元，如语言、文化、宗教、风俗习惯、家庭观念等，学习生活体验更加丰富。然而，通过对相关研究进行梳理即可发现，目前我国关于学习生活的研究成果仍相对单一：或通过分析学习生活的重要性，为教学实践提出相应的改善建议；或通过问卷，对某一群体的学习生活进行满意度调查。针对我国少数民族学生群体在其学习生活当中所面对的某一现实问题而展开的研究成果较少。

第二节 问题的提出

东乡族是我国甘肃省特有的少数民族之一。据 2010 年全国第六次人口普查，东乡族人口总数约六十多万，其中绝大多数分布于甘肃省临夏回族自治州东乡族自治县，全民信仰伊斯兰教。位于甘肃省西南部的东乡族自治县气候干旱、土地贫瘠、交通不便，经济发展状况始终不尽如人意，是国务院与甘肃省确定的重点扶贫县之一。受当地经济、交通、师资水平、民族传统文化等各方面因素的影响，东乡族基础教育薄弱，各项教育指标长期处于各民族之末（曹建华、陈其斌，2011）。大部分东乡族儿童在接受初等教育之前没有机会接受学前教育，从小通过家庭教育的方式学习、使用东乡语，直至正规教育阶段（小学阶段）才开始接触、学习汉语。

然而，由于东乡族自治县师资力量薄弱，东乡族本族的教师、尤其是英语教师严重匮乏，聚居区内绝大多数英语教师均为汉族人，并不懂得东乡语。这导致东乡族学生在其英语课堂学习中，需要借助自己并不熟练的汉语来掌握英语，学习过程中"费时低效"的现象尤为突出。基础教育阶段结束之后，东乡族学生大多通过少数民族优惠政策，以较低的"高考"分数进入高校，接受高等教育。面对身边英语水平较高的汉族同学、大学英语四、六级考试的硬性成绩要求、与专业课相关的英文文献，东乡族学生在高校的外语学习压力较大，表现出较明显的英语学习焦虑情绪。

学习生活既包括学习者周围的外部环境，如学校环境、社区环境、家庭环境等，也包括学习者个人的内部环境，如心理环境。在学习生活视域下，上述提到的东乡族本科生的英语学习焦虑情绪，可视为个体内部心理环境的一种表现方式。生活世界哲学观认为，个体的内部环境与外部环境密不可分，只有实现了主观世界与客观世界的和谐统一，才能实现个体自身的全面发展。正如 K. Lewin（1935）所提：个体产生的任何行为（如心理行为）均源于各种相互依存、相互影响的事物整体，包括个体自身与其所处的周围环境（详见 Lewin 心理场论）。由此，东乡族英语学习者的焦虑情绪可从目标研究群体周围的外部环境因素入手，挖掘其学习生活内、外部环境之间的互动关系，进而剖析目标研究群体产生英语学习焦虑的原因。

东乡族本科生的外部生活环境当中，有两种外语存在着潜在的相互竞争关系：英语与阿拉伯语。一方面，从学校层面来看，东乡族本科生的在校学习生活环境当中，英语毫无疑问占据着十分重要的地位：不论是大学英语课程设置、大学英语四六级考试，还是专业英语（ESP）课程、专业课外文文献阅读，高校教育体系当中所谓的"外语"教育，在很大程度上就是指英语教育。另一方面，从社区、家庭层面来讲，阿拉伯语在东乡族的日常生活当中占据着一定的地位。

阿拉伯语对东乡族群体的影响力主要体现在语言本体、民族文化习俗两个方面：首先，东乡族的母语为东乡语，属阿尔泰语系蒙古语族，该语言的基本语序是主语—宾语—谓语，是一种仅存在口语而无文字的语言（《语言学百科词典》，1993）。东乡语词汇中的混种词较多，包括汉语、阿拉伯语、东乡语、突厥语、波斯语五种（金双龙，2013）。有研究认为（徐丹、文少卿、谢小东，2012），东乡语当中的阿拉伯语、波斯语以及突厥语并非借词，而是其先民底层语言的反映。由此可见，承载着大量民俗传统文化的东乡语,在东乡族的日常生活当中占据绝对主导地位,其语言本身与阿拉伯语之间存在着天然的交集。其次,东乡族全民信仰伊斯兰教,前往当地清真寺"诵经"是东乡族最重要的宗教活动之一。在寒、暑假期,部分在读东乡族本科生对"诵经"的参与度也极高。罗莉(2015)通过实证调研发现,面对东乡族学生的英语学习困难情况,部分家长已对孩子的英语学习失去了信心:"花费如此大的精力去学习英语,倒不如多学学阿拉伯语",因为"不学阿语、不做礼拜,就不会做人"。由此可见,非正式教育当中占据主导地位的阿拉伯语更加契合当地族群的传统文化诉求,在东乡族的民族文化习俗中占据一定的影响力。

语言竞争是广义语言冲突的一种表现形式。那么,东乡族本科生在其外部学习环境中所面对的语言冲突,与其个体内部的英语学习焦虑心理之间是否存在一定的互动关系?语言冲突极少源于单纯的语言、文字问题,其背后往往隐藏着经济、宗教、文化等更深层次的冲突源(李丹,2015)。那么,在东乡族本科生在学习生活环境外部(学校、社区、家庭)所显现的语言冲突,有哪些更深层次的诱发因素?如何利用语言冲突的正向功能,从外语教育规划层面对这些诱发因素做出针对性的调节?

第三节 研究意义

本书以东乡族本科生的英语学习焦虑现象为线索,挖掘目标群体的英语学习焦虑与语言冲突之间的互动关系,并从外语教育规划层面对语言冲突的诱发因素做出针对性的调节,使东乡族本科生在心理健康的前提下,充分利用其文化优势实现专业发展。开展本研究主要出于以下两个方面的考虑:现实意义与学术价值。

一 现实意义

2015年3月，国家发改委、外交部、商务部联合发布了《推动共建丝绸之路经济带和21世纪海上丝绸之路的愿景与行动》。"一带一路"发展战略，是一项以经济建设为主导，促进沿线各国经济繁荣、共同发展的重大举措，其核心内容是"政策沟通、设施联通、贸易畅通、资金融通、民心相通。"其中，语言是实现"五通"的重要基础之一，是"促进人文交流，实现民心相通的根本保障，也是服务互联互通建设的重要支撑"（沈骑，2015）。由此，李宇明（2015）提出，"一带一路"，需要语言铺路。"一带一路"的深入推进，必将促进沿线国家之间人员的流动，届时沿线国家的交通、商业、教育、旅游等各行业之间的交流势必增加。培养能够与"一带一路"沿线国家互通有无的区域特色人才，成为推进"一带一路"建设的"参谋助手"、"政策推手"与"项目抓手"（辛越优、倪好，2016）。

"丝绸之路经济带"所涉及的我国少数民族地区是多元文化区域的典型代表，其语言、文化、风俗习惯等与"一带一路"西线的其他国家有很多交集。因此，提高该区域少数民族的外语水平，使其成为具有国际视野、能够参与国际竞争的区域特色人才，是实现与"一带一路"西线国家"贸易畅通、""民心相通"的助推器，是《国家中长期教育改革和发展规划纲要（2010—2020年)》提出的"培养具有国际视野、通晓国际规则、能够参与国际事务和国际竞争的国际化人才"的基本要求，也是党在十八届三中全会提出"扩大对外文化交流、推动中华文化走向世界"的重要保障。然而，"丝绸之路经济带"所涉及的我国少数民族地区长久以来受经济、交通、环境、思想观念等因素的制约，教师水平、生源质量、教育资源、教育政策实施等方面均与我国"海上丝绸之路"沿线有较大差距,少数民族学生多通过当地民族优惠政策,以较低的高考成绩录取、接受高等教育,英语水平比较低下,严重地阻碍了其专业发展。

以东乡族为例,东乡族是我国"丝绸之路经济带"中心线——甘肃省特有的少数民族之一,全民信仰伊斯兰教。绝大多数东乡族聚居于我国甘肃省临夏回族自治州东乡族自治县,受当地经济、交通、师资水平、民族传统文化等各方面因素的影响,东乡族基础教育薄弱,各项教育指标长期处于各民族之末(曹建华、陈其斌,2011)。大部分东乡族学生依靠少数民族优惠政策,以较低的高考分数进入高校学习,在校英语学习压力较大,表现出较明显的英语学习焦虑情绪。东乡族的语言、文化传统、风俗习惯等与"一带一路"西线阿拉伯国家有一定的交集。缓解东乡族本科生的英语学习焦虑情绪,使其在心理健康的前提下,充分发挥民族文化特色实现专业发展,可为教育部门与语言规划部门进一步培养符合"一带一路"战略所需的区域特色人才提供新思路。

二 学术价值

21世纪初,在校学生的学习生活研究逐渐进入我国学者的视野,但对相关话题较为感兴趣的多为我国的教育学界,所呈现的研究成果大致分为两类:第一类是对学习生活的宏观研究。此类研究普遍通过文献梳理的方法,分析学习生活的重要性,强调学习生活对教学生态、学生的德育培养等方面具有重要作用。例如,郭思乐(2005)提出,当前我国的基础教育中,学生的德育培养长年得不到重视,其培养过程多渗透于教学或德育课程当中,属于"外施的"、"刻意的",难以进入到学生的内心深处,以致基础教育领域中教学生态被破坏。他认为学习生活是学生生活的重要环节,是中小学生发展天性、形成美好德行的摇篮。因此，德育问题在很大程度上属于学生的学习生活问题，教育工作者应注重在学习生活中培养学习者的品德。唐荣德（2005）认为，我国的学校教育过于关注学生的学习问题，而对学生的学生生活关照不足。学习生活是学生所经历的一种特殊成长历程，是突出学生生存与发展的关键环节，也是培养学生人文知识、人文精神的重要依托。当前的教育体制过于强调学生的规范性，而忽视个体的生成性与个体性，严重影响了学生的学习生活质量。

第二类是对学习生活的调查研究。此类研究多通过问卷、访谈等手段，对我国中小学生、本科生以及硕士研究生的学习生活进行了调查与探讨。例如，王俊山、张燕燕、柯慧（2011）抽取上海市静安区3200名中小学生作为被试，通过自编《学生学习生活质量问卷》并实施问卷调查，发现上海市静安区小学生的学习生活质量良好，但随着年级与年龄的增长，学生的学习生活质量呈下降趋势。曹冉（2013）运用访谈法、观察法和文本分析法，通过上学、课堂听讲、回答问题、做作业、考试等日常学习情境对小学、初中和高中三个阶段的"学困生"实施观察与访谈，发现"学困生"在学习生活中主要存在心理安全感缺失、教师支持不足、学习策略相对滞后等问题。李军、陆惠、张卫民（2016）对北京林业大学350名本科生实施问卷调查，以探究微信对大学生学习生活的影响。调查发现，大学生在学习生活中使用微信的频率较高、使用范围较广，微信对当代大学生的学习生活具有较强的影响力。

通过对相关文献的简单回顾可以发现，目前学界对于学习生活的研究呈现两大特点：首先，对于学习生活的研究多在我国教育学领域展开，所涉及的研究对象涵盖了中小学生、本科生、硕士研究生等，但针对学习生活体验更加多元化的我国少数民族群体观照不足。其次，从研究范式来看，目前与学习生活相关的研究视角相对单一，不论是思辨为主的定性研究，还是通过发放问卷进行的调查研究，均是"自上而下"地就学习生活的重要性进行调查或讨论，而对学生在学习生活中遇到的某一现实问题而开展的针对性调查成果较少。基于前人的相关研究，本书试图从研究视角和研究方法两个方面进一步开拓思路：

首先，在研究视角方面，本书将东乡族本科生的英语学习焦虑视为个体在其学习生活中，内部心理环境的一种表现方式。学习生活既包括学习者周围的外部环境，如学校环境、社区环境、家庭环境等，也包括学习者个人的内部环境，如心理环境。人是社会的产物，其心理发展受家庭、学校、社会等多方面外部环境的影响，因而在研究"英语学习焦虑"这一心理现象时，即可基于个体自身的心理系统进行研究，也可将心理系统置于个体与个体、个体与群体、个体与环境之间的关系中展开讨论。John Dewey（1981）提出"教育即生活"，学生的学习过程不仅局限于课堂、学校当中，家庭、社会等周围环境往往对学习起到至关重要的作用，因而学生在学习生活中产生的英语学习焦虑问题，可从学校、社区、家庭、文化氛围等多方面进行考量。在此视角下，东乡族英语学习者的焦虑情绪可从其周围的外部环境因素入手，挖掘学习生活内、外部环境之间的互动关系，从而剖析目标群体产生英语学习焦虑的原因。

其次，在研究方法上，目前以学习生活为课题的相关研究多通过量化手段展开调查。采用量化方法进行科学研究的优势在于发现两个或多个变量之间的关系，目前的相关研究也是基于量化研究方法的优势，"自上而下"对某一群体的学习生活满意度进行调查，从而得出普遍意义上的结论，但对学生在学习生活中遇到的某一现实问题而开展的针对性调查成果较少。本书认为，学习生活是以有血有肉、拥有情感而存在于社会中的个体——人为中心的，而人与人之间的区别就在于自身的"生成性"、"不确定性"和"矛盾性"（李森、王牧华、张家军，2011）。随着科学技术的不断进步，理性、技术思维膨胀，这种思维模式过于依赖客观数据，更倾向于将现实中的同类事物抽象化、规律化。正如 Erich Fromm（1988）所说："我们认识事物一般有两种方式：抽象和具体。在当代西方文化中，这种两极倾向几乎完全让位给了单一的人对物的抽象倾向，而忽视了关系的具体性和独特性"。基于"人"的个体差异性和独特性哲学理据，本书在方法论上采用质性研究方法为主、量化研究方法作为辅助的思路。首先，研究通过"英语学习焦虑量表"对目标研究群体进行测试，根据测试结果，最终筛选出三位英语焦虑水平较高的被试作为初步观察对象。随后，研究者以三位研究对象在学习生活中所面对的英语学习焦虑为线索，分别对其进行个案追踪调查，并结合个案研究结果，从外语教育规划层面提出针对性的调节措施。

长期以来，以理论为导向的应用语言学多采用"自上（理论）而下（实践）"的研究范式，将语言学理论单向应用于实践，形成了研究范式的"单行道"（沈骑，2012）。在"大科学"时代，学科交叉倾向日益明显，研究问题日趋复杂，跨学科、甚至超学科研究范式已是大势所趋。本书聚焦于东乡族本科生在学习生活中产生的英语学习焦虑问题，采用质性为主、量化为辅的研究方法，"自下而上"地探讨如何使东乡族学生群体在心理健康的前提下，充分利用自身的民族文化优势，实现专业发展。

第四节　研究问题

基于以上因素的考虑，本书选择我国甘肃省东乡族本科生为研究对象，以目标群体的英语学习焦虑问题为切入点，并试图将英语学习焦虑与语言冲突建立联系，对目标群体的学习生活展开个案调查。研究试图解决以下三个问题：

（1）我国东乡族本科生的英语学习焦虑现状如何？

（2）目标群体的英语学习焦虑现象有哪些诱发因素？上述因素与其在学习生活中所面对的语言冲突有何联系？

（3）如何从外语教育规划层面调适目标群体的英语学习焦虑现象？

为回答研究问题（1），研究者采用"外语课堂焦虑量表"对兰州大学、西北师范大学、兰州交通大学、兰州理工大学、甘肃农业大学、西北民族大学、甘肃政法学院七所甘肃省主要高校的东乡族大学一年级、二年级本科生施测，通过 SPSS 软件将所得数据进行统计，分析不同年级、不同性别被试的英语学习焦虑水平有何差异、呈现什么特点，并将测试结果与同年级汉族本科生的英语焦虑水平进行对比分析。

为回答研究问题（2），研究者根据"外语课堂焦虑量表"的测试结果，并结合研究对象的个人因素，筛选出英语学习焦虑水平较高、且愿意配合研究者进行个案研究的被试三名。研究者从学校、社区、家庭、课余生活四个方面入手，分别对三位研究对象的学习生活进行个案调查，探索研究对象产生英语学习焦虑的原因。

为回答研究问题（3），研究者结合上述三名研究对象的个案研究结果，将研究对象的英语学习焦虑现象与语言冲突之间建立联系，进而从外语教育规划层面提出针对性的调节措施。

第五节　全书结构

本书共由十个章节构成。

第一章为引言，包括研究背景、问题的提出、研究意义、研究问题、全书结构五个部分。在研究意义部分，研究者从现实意义、学术价值两个方面进行阐述，进而提出了本书的研究问题。

第二章为文献综述。研究者通过对"学习生活"、"外语学习焦虑"及"语言冲突"三个核心概念及其他延伸概念进行界定与梳理，分析其研究现状与主要观点，发现其中不足，进而提出本书的不同研究视角与研究方法。

第三章为理论框架与研究思路。本章节主要对研究所涉及的理论基础进行解读，其中包括现象哲学、教育现象学及心理场论。根据研究问题与理论框架，研究者将目标研究群体的"英语学习焦虑"现象与其外部学习生活环境中的语言冲突建立联系，提出相应的研究思路。

第四章为研究的整体设计部分。通过对相关文献及理论的梳理、形成初步研究框架，本章节着重从研究方法、研究对象的选择、研究者个人因素、研究过程、研究的信效度及伦理几个方面入手，对本书的基本思路做进一步阐释。

第五章为本研究的量化统计与分析部分。研究者根据"外语课堂焦虑量表"的测试结果，对目标群体的英语学习焦虑现状进行统计与分析，从而回答研究问题（1）。并根据测试结果，筛选出三位个案研究对象，为回答研究问题（2）与研究问题（3）提供必要的支撑条件。

第六、七、八章为本书的个案研究结果。通过对三位研究对象——学生J、学生L与学生M的求学经历进行梳理，研究者从学校、家庭、社区、课余生活四个维度分别对研究对象的英语学习焦虑现象给予分析。

第九章主要回答研究问题（2）与研究问题（3）。结合个案研究结果，研究者将目标群体的英语学习焦虑与其所面对的语言冲突建立联系，并从外语教育规划层面探讨针对性的调节措施。

第十章通过对本书的研究问题、研究设计、研究发现与研究启示进行梳理，形成整个研究的结论部分，主要包括（1）研究发现与启示；（2）研究局限与展望。

第二章 文献综述

本书的第二部分通过对"学习生活"、"外语学习焦虑"及"语言冲突"三个核心概念及其他延伸概念进行界定与梳理,分析其研究现状与主要观点,发现其中不足,进而提出本书的不同研究视角与研究方法。

第一节 学习生活

一 概念的厘定

"学习生活"既不是学习与生活,也不是学习怎样去生活,而是学生的特殊存在方式(唐荣德,2012)。"学习生活"这一概念最早源于现代哲学。20世纪初,欧洲哲学界(如 E. Husserl、M. Heidegger、L. Wittgenstein、J. Habermas、Marx 等)开始对当时的"科学与人性危机"进行再思考,认为自然科学的高速发展、理性主义所伴随的工具理性并不能够解释现实生活中的所有问题。虽然实证主义自然科学在一定程度上可满足人们对探索世界规律的渴望,但是追求实证、获取世界普遍规律的过程是通过否定个人、失去真实生活为前提的。在这种"异在化"的理解与

"扭曲"的价值（庞立生、王艳华，2003）追求过程中，人类开始逐渐脱离现实生活，盲目地以普遍规律、绝对主义为价值标准来规范与衡量整个世界。由此一来，工具理性所伴随的占有意识逐渐形成，世界更多地在功利层面被人们所理解，成为外在于人、由人类所支配与占有的现象世界，人与自然的关系变得不再平衡。Habermas（1994）认为，"生活世界"是"客观世界"、"主观世界"与"社会世界"的高度统一，且超越于上述三个维度。"生活世界"是社会、文化与自我的统一体，只有社会、文化和谐相适应，才能实现个体自我的全面发展；同样，个体的自我发展、文化的和谐再生产，才能够促进社会的稳步发展。Marx（1995）认为，自然并不是完全脱离于人与社会的，更不是等待人类去开发的"荒地"，而是人类的"对象性存在物"，与人类生活相辅相成，共同构成"生活世界"。因此，人类的现实生活、实践活动与生活世界的发展才是科学应该关注的地方。

"生活世界"是个体生存于其中、被经验着且能被经验到的世界，是处于社会当中的个体生成过程（项贤明，2001）。教育与生活虽是两个不同的概念，但二者之间存在着千丝万缕的关系：不论是教育，还是生活，其最重要的主体均是人。为培养个体适应社会、并在社会中得到长足的发展，教育无法脱离生活而单独存在，因为脱离生活世界的教育是"空洞的"、"静态的"、"干涸的"（张晓倩，2013）。然而，在科技革命的引领之下，人类社会的专业与分工逐渐细化，与社会紧密相关的教育开始倾向于关注实用价值，而对教育参与者的人文关怀逐渐减少。与 E. Husserl 同年出身的美国教育学家 John Dewey，童年成长于工业高速发展的机器时代。受德国实用主义哲学的影响，Dewey 首先对美国的传统教育发出了不满之声。他认为（Dewey，1987），在美国的传统教育中，学校所设置的课程涉及了太多与社会生活不相干的科目，严重违背了儿童的成长天性，造成教育与生活相脱离，学校已不再是"儿童生活的地方"。由此，Dewey 提出"教育即生活"，认为教育并不完全是为将来的生活做准备，教育的过程亦是生活的过程，儿童应该在受教育的同时体验生活，在生活中学习知识。Dewey 在其著作《儿童与课程》中提到，课程的设计应该关注到学习者的心理因素，将所教授的内容由"逻辑的经验"转变为"直接的、个人的经验"。学习者的经验多从自身的生活环境中习得而来，即是从学习者的个人生活中获得的。

Dewey 并未在其著作中明确"生活"的具体涵义，他提出（1981）的"生活"既包括机体，也包括环境；既包括工作、学习、休闲，也包括制度、个人的成功与失败等。程胜（2003）总结认为，Dewey 所谓的"生活"可理解为学习者个人、群体直接体验到的、现实的、具体的环境，即所谓的"日常生活"。"日常生活"又可从以下三个层面理解：首先，"日常生活"是维持个体生存、发展的日常消费活动；其次，"日常生活"是以语言为基础的、人与人之间的日常交往活动；最后，"日常生活"是伴随个体各式各样活动的日常观念活动。Dewey（1990）指出，"日常生活"与学习者的成长发展关系密切，学习者若想在社会生活中得到持续的成长与进步，不能仅通过信念与情感获得知识，更大程度上应通过"日常生活"作为中介获取真实的、直接的知识。"日常生活"难以捉摸，却又无处不在，它通过视觉、听觉、嗅觉等各个方面无意识地影响着学习者的性格、心理等"每一根纤维"（Dewey，1990）。日常生活与教育之间存在紧密的联系，教育行为不能脱离学习者的现实生活而独立存在，学习者的个人生活经验是其学习成功与否的重要影响因素，真正的教育是从学习者的经验中产生的，是"在经验中、由于经验、为了经验"的发展过程。由此可见，Dewey"教育即生活"思想的最基本要求是使学校教育更加关注、联系学习者的个人日常生活，学习过程应视为学习者日常生活的重要组成部分。

作为 Dewey 的学生，我国教育学家陶行知针对中国 20 世纪初半殖民地半封建的社会现实，对杜威的教育思想进行衍生与改造，提出"生活即教育"思想。陶行知认为，生活主义包罗万象，人生的一切活动与需求都涵盖在生活当中，教育也包括在内（引自徐莉莉，2007）。因此，广大劳动人民的教育普及问题应与生活实践紧密联系，教育的根本意义在于改善生活。"生活无时不变，生活无时不含有教育的意义"（陶行知，1985）。关于儿童的受教育问题，陶行知（1984）认为，"人们对于儿童的教育问题往往出现两种极端心理，其一是忽视儿童教育；其二是对儿童的教育问题期望值太高。忽视儿童的教育问题会导致其像茅草一样自生自灭；若对儿童期望值太高则会出现揠苗助长的问题。"由此，陶行知提倡教育工作者应重视儿童的生活教育，先深切体验儿童的实际生活后，再对其进行教育。尽管杜威与陶行知的"生活教育"思想因本国的国情不同而各有侧重，但二者均指出了教育与生活之间的紧密联系。20 世纪后半叶以来，Dewey 与陶行知的"生活教育"思想逐渐由国外传入国内，学习者的学习生活问题开始进入中国教育研究的视域。

21 世纪初，"学习生活"正式作为一个术语进入到我国教育学领域的研究视野当中。对于学习生活的概念，不同学者的理解也各有侧重。例如，唐荣德（2005）认为，学习生活是生活的一种特殊类型，是学生以其学业活动为主要表现形式的特殊生存过程，其中既包括个人获得经验的过程，也包括个人为了生存与发展而进行的自觉连续性活动过程。对于学生群体来讲，学习生活在时空上主要集中于学校当中，但也延伸到家庭与社区。李晓（2008）认为，学习生活涵盖了与学习相关的一系列事件的发生、发展及学生自身的体验。张晓倩（2013）提出，学习生活并非学习与生活的并列连接,而是生活的一种特殊类型,是学生在学校这一特殊环境下自我丰富与发展的生存过程,其中包括人与自然的关系、人与社会的关系、人与自身的关系三个维度。王攀峰(2014)认为,学习生活是指学生在特定的时空环境中,为了获取知识经验、发展实践能力、提高生活质量、实现生命意义而开展的各种主体性活动,其中包括学校、家庭、社区三个空间维度。在此基础上,王攀峰、张天宝、赵青坡(2014)将学生的学习生活分为情感领域、认知领域和社会领域三个方面。其中,情感领域包涵焦虑、烦恼、快乐、成功等学习体验。刘晓玫、宋庆莉、刘瑶(2015)认为,学习生活是一个动态的过程,此过程更多关注的是学生的整体学习体验。

结合"生活世界"与"教育即生活"的哲学、教育学理据,本书认为,学习生活是受教育者在其个人发展过程中所经历的一种特殊生活类型,是个体为获取知识、提高技能、培养道德品质而从事与经历的一系列活动集合。学习生活环境在空间上既包括受教育者的外部学习环境,如社会环境、自然环境,也包括受教育者自身的内部心理环境,如喜、怒、哀、乐、烦恼、焦虑等积极或消极的个人情绪。学习生活研究强调对受教育者内、外部学习环境的经历或体验进行综合考量,关注自然、社会等外部学习环境与受教育者自身心理环境之间的互动关系(如图2-1)。

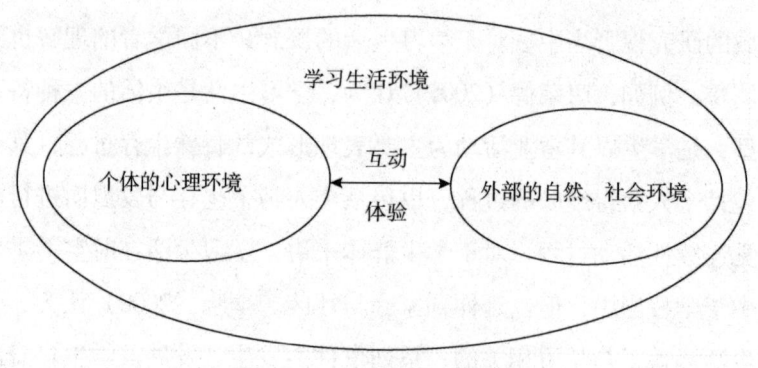

图2-1 学习生活环境简图

二 相关理论研究

学习生活研究最早是由"生活世界"哲学衍生而来，并由美国学者 Dewey 引入教育学界。早期的相关研究多强调教育与生活之间的紧密联系，而将"学习生活"作为一个整体概念所进行的研究数量较少。21 世纪初，"学习生活"正式作为一个术语进入我国教育学界的研究视域。目前，有关学习生活的研究一般分为两类，其一是宏观视角下的定性研究。此类研究多将学习生活视为一种教育理念，通过评价当前教育制度的疏漏，强调学习生活对教学生态、学生的德育培养等方面具有重要作用。例如，郭思乐（2005）提出，当前我国的基础教育中，学生的德育培养长年得不到重视，其培养过程多渗透于教学或德育课程当中，属于"外施的"、"刻意的"，难以进入到学生的内心深处，以致基础教育领域中教学生态被破坏。他认为学习生活是学生生活的重要环节，是中小学生发展天性、形成美好德行的摇篮。因此，德育问题在很大程度上属于学生的学习生活问题，教育工作者应注重在学习生活中培养学习者的品德。唐荣德（2005）认为，我国的学校教育过于关注学生的学习问题，而对学生的学习生活关照不足。学习生活是学生所经历的一种特殊成长历程，是突出学生生存与发展的关键环节，也是培养学生人文知识、人文精神的重要依托。当前的教育体制过于强调学生的规范性，而忽视个体的生成性与个体性，严重影响了学生的学习生活质量。对此，唐荣德（2007）提出，教育工作者应以培养学生成为"自主人"为目标，更加重视学生的学习生活，关注学习的工具价值、学习的认知旨趣，立足于学生的个人发展与价值意识的培养。关于学习生活的特点，唐荣德（2011）认为，在当代的教育体系当中，学生的学习生活往往是学校教育的重要组成部分，在校学生过是一种制度化的生活，具备资源竞取、强制性、追求利益与效率等特点，这导致学生的学习生活过于狭隘与片面。因此，他提出（唐荣德，2012）学习生活是学生在校学习过程中生命存在状况的集中反映，是衡量学生自我发展的内在标志。学校教育应关注学生的全面发展，实现从学习质量到学习生活质量的转变。苏琴、辛琳（2012）认为，构建和谐社会的本质在于提高人民群众的生活质量，而学生作为社会的特殊群体，其学习生活的质量关系到和谐社会的构建及创新型人才的培养问题。然而，目前学界针对学习生活质量的研究仍相对薄弱，对学习生活质量的内涵有待进一步界定、对学习生活质量的研究对象有待进一步扩展。同年，杨雅清、方向明（2012）指出，在提倡以人为本的现代教育理念下，学生通过自身经历与体验所获得的知识成为教育的首要目标。在教育与教学过程中，教师应通过创设与学生的生活密切相关的教学情境，使学生的认知、体验与生活相结合，从而使教育对象在主体性建构中获得和谐发展。许艳（2015）认为，随着高校信息化建设的进一步深入普及，教育环境、教育理念、教学模式、学习方式等正在发生潜移默化的变化。关注学生的学习生活，充分发挥学生自身的积极主动性，是教育改革所面临的普遍困境。在此背景下，以学生的学习生活为导向的电子档案评价体系可对学生的课堂教学、社会实践、课余活动等进行综合考量，关注提高学生的综合能力与素质。

三 相关调查研究

关于学习生活的第二类研究是调查研究。此类研究多通过问卷、访谈等手段，对目标被试群体的学习生活满意度、学习生活质量、学习生活体验等进行宏观层面的考察，所涉及的研究群体已涵盖我国的中小学生、本科生以及硕士研究生群体。例如，金小苗（2006）采用开放式问卷调查与结构方程建模的方法，发现"教师满意度"、"学业满意度"、"学习能力满意度"、"课堂环境满意度"、"同学满意度"、"父母对学习的支持满意度"是初中生在学习生活中最关注的六个方面。研究者依此编制出《初中生学习生活满意度量表》，并运用此量表对浙江省金华市498名初中生的学习生活满意度进行了调查。研究发现，被试的学习生活满意度总体处于中等偏上水平，各维度的差异主要体现在性别、年级与学校类型的不同上。其中，"学习能力满意度"、"课堂环境满意度"、"学业满意度"与学生的学习成绩呈正相关关系。王俊山、张燕燕、柯慧（2011）通过自编《学生学习生活质量问卷》并实施问卷调查，旨在了解我国中小学生的学习生活现状。研究抽取上海市静安区3200名中小学生作为被试，发放《学生学习生活质量问卷》，并通过"学业负担"、"学习过程"、"学习环境"三个维度对问卷结果进行分析。调查结果发现，上海市静安区小学生的学习生活质量良好，但随着年级与年龄的增长，学生的学习生活质量呈下降趋势。同样针对我国中小学生学习生活的质量问题，王攀峰、张天宝、赵青坡（2014）运用《中小学生学习体验与学习状况调查问卷》对北京市5所中学、共404名中小学生实施调查，并从情感领域中的"学习体验"、认知领域中的"学习状态"和社会领域中的"学习条件"三个维度分析问卷。根据调查结果，研究者对我国中小学生的学习生活进行反思并提出改善方案。曹冉（2013）将研究视角聚焦于中小学"学困生"的学习生活，运用访谈法、观察法和文本分析法，通过上学、课堂听讲、回答问题、做作业、考试等日常学习情境对小学、初中和高中三个阶段的"学困生"实施观察与访谈，并将观察结果从时间体验、空间体验、身体体验以及人际关系体验四个维度进行了分析。研究发现，"学困生"在学习生活中主要存在心理安全感缺失、教师支持不足、学习策略相对滞后等问题。覃清蓓（2015）通过文献法、田野调查法、文本分析法对广西壮族自治区百色市某中学的初中生进行考察，旨在探究民族地区初中生的学习生活现状及其存在的主要矛盾。研究者从知识性学习活动、交往性学习活动和实践性学习活动三个维度分析调查结果，并对民族地区初中生的创新性学习模式提出改善对策与建议。

我国教育学界针对本科生及硕士研究生的学习生活调查研究也成果颇丰。例如，李艳（2008）选取浙江大学650名本科生作为研究对象，通过问卷调查的方法考察计算机网络对本科生学习生活的影响。调查结果发现，计算机网络对本科生的学习生活影响较大，且总体表现为积极影响，但性别、年级以及计算机网络经验的差异会造成计算机网络对本科生学习生活的影响程度不同。鲁克亮、刘琼芳（2009）采用问卷调查与访谈相结合的方法，对西南大学2007年度所招收的2850名首批免费师范生实施调查，并从学习目标、课堂参与度、生活待遇、消费观、心理健康等方面对调查结果进行了分析。根据调查结果，研究者对免费师范生培养过程中存在的问题给予了改善建议。姜毅超、李娜、刘淑霞（2010）对沈阳市847名硕士研究生实施问卷调查，以考察沈阳市硕士研究生的学习生活主观幸福感及其影响因素。因子分析后发现，性别、学校类型、年级、专业的差异是导致被试学习生活主观幸福感差异的主要影响因素。曹丽（2010）对华东师范大学230名跨专业硕士研究生的学习生活进行问卷调查，并从学习心理、学习态度、科研能力、学习表现四个维度分析调查结果。调查结果显示，跨专业硕士研究生的学习兴趣较高、学习主动性较强，但学习压力相对较大，生源是否为跨专业背景并不影响其科研能力的强弱。根据调查结果，研究者认为可从授课方式、考核体系、导师指导方式等方面对跨专业硕士研究生培养过程进行改善。张晓倩（2013）通过文献法、问卷调查法以及访谈法，对文科硕士研究生的学习生活现状进行调研，并从专业学习、社会实践、休闲生活三个方面分析调查结果。研究结果表明，大部分文科硕士研究生能够较清晰地认识到自身的学习与生活目的，对目前的学习生活持积极态度，但部分研究被试也表现出学习目的不明确、学习过程的主体性与交往性不足、心理健康状况令人堪忧的现象。谭晓雪（2015）选取广州某医科高校1284名医学专业硕士研究生为调查对象并实施问卷调查，旨在探究医学硕士研究生的学习生活及焦虑状况。研究从入学动机、专业满意度、在校学习压力来源、自主学习情况、体育锻炼情况、学习生活设施、人际交往等方面对调查结果进行分析，发现医学硕士研究生的学习生活总体较好，但均存在不同程度上的焦虑状况，且焦虑状况与学习生活之间存在相关性。李军、陆惠、张卫民（2016）对北京林业大学350名本科生实施问卷调查，以探究微信对大学生学习生活的影响。调查结果表明，大学生在学习生活中使用微信的频率较高、使用范围较广，微信对当代大学生的学习生活具有较强的影响力。因此，政府、运营商、学校三方面应加强对微信的监管力度，完善"微机制"，为大学生的学习生活提供更完善的平台。

第二节　外语学习焦虑

一　焦虑

（一）概念及分类

一般来讲，"焦虑"这一心理现象可从以下四个方面理解（邵秀巧，2008、武成莉，2004）：（1）焦虑是一种消极的个人体验或个人感受。当个体处于不确定的、危险的环境中时，所产生的一种模糊的反应，其产生的原因不为个体自身所知，仅表现为较强烈的苦恼或受挫感；（2）焦虑具有动机的意义。焦虑可视为一种消极的、不愉快的情绪，若产生这种消极情绪的源头依然存在，则个体需要积极活动，试图改变、降低或避免这种情绪，因此焦虑可视为个体做出某行为的动机之一；（3）处于焦虑状态的个体具备外在与内在两个方面的变化。其外在的行为表征因人而异、因焦虑激起的水平而异。例如，个体出现踱步、说话颤抖、脾气暴躁、失眠等。其内在表征包括自主神经、心电、脑电等各种身体内部的生理变化；（4）焦虑体验是通过个体对自身的认知评价获取的。当个体预料到某些模糊的、不确定的环境刺激时，若其自尊与能力之间产生矛盾，且个体认为自己没有能力应对这类环境刺激时，便产生焦虑情绪。

  由此可见，对焦虑的理解不同，心理学界对焦虑的定义各有侧重。美国精神病联合会将焦虑定义为"个体对自身潜在危险或不幸所做出的预设，通常伴随着不安、紧张、烦躁或其他身体异常情况"；Spielberger（1983）认为，"焦虑是与个体神经系统相连的主观情绪体验，通常表现为紧张、焦躁、神经过敏等负面或消极状态。"《心理学大辞典》（2004）将焦虑定义为"个体对某种模糊性威胁或不良后果所做出的预设，进而产生不安、忧郁、烦恼、恐惧、心跳加快等心理或生理症状。"《牛津高阶词典》（2011）则将焦虑定义为"个体感受到紧张时出现的状态、对即将发生的消极或负面情况所表现出的担忧。"

  尽管不同学者对焦虑的理解各有侧重，但其定义均体现了焦虑的两大特点：首先，焦虑能够使得个体产生紧张、不安、心跳加快等心理或生理状态；其次，由于个体对焦虑的反应程度不同，焦虑本身能够反过来体现出个体所具备的不同人格特征。根据焦虑的特点，有学者（如 Cattell，1966、Spielberger，1983）根据焦虑的持续时间将其视为一个连续统，其中的一极表现为个体的暂时焦虑状态，称为状态焦虑（state anxiety），另一极则表征为相对持久的焦虑状态，称为特质焦虑（trait anxiety）。MacIntyre（1999）将状态焦虑描述为"短暂的、片刻的"焦虑体验，这种片刻性的情绪波动不仅表现为紧张、焦虑、忧郁等心理特征，而且作为特殊情景下的压力，状态焦虑使个体的情绪随着时间的变化，在强度上呈现起伏波动状态。Spielberger（1983）认为，若个体的焦虑状态持续时间较长，致使个体在情景转换中易出现紧张、不安等不良反应，进而形成相对稳定的心理倾向，这类焦虑可归类为特质焦虑。人格心理学界将焦虑的倾向性视为个体人格的主要特质之一，是众多人格理论模型（如 Eysenck & Eysenck，1985、Goldberg，1992、McCrae & Costa，2003 等）的主要研究焦点与课题。一般认为，特质焦虑水平较高的个体情绪稳定性较低，对自身所体验到的状态焦虑更加敏感，能够更频繁地感受到周围情景中的焦虑源（Goldberg，1992）。

除了从时间的维度对焦虑类型进行考量以外，还有学者（如张钚铭，2012）从个体对焦虑的不同行为反应来理解焦虑。个体对焦虑所做出的行为反应主要包含两种成分，即担忧和情绪。从认知视角来看，焦虑一般源于个体对自身的现状或未来事件所做出的过度关注和忧虑，因此焦虑具备担忧的成分；从焦虑的外部表征来看，焦虑往往依托个体的行为活动而显现，其中既包含多度排汗、心跳加剧、手脚冰凉等生理变化，又包含声音变调、结巴等言语障碍，也包括头痛、胃痛、失眠等身体的不良反应（Gregersen，2005、Young，1999）。

以焦虑的程度为考量标准，焦虑可划分为高度、中度和低度三个水平。武成莉（2004）对相关的研究进行梳理后发现，尽管大多数焦虑会对个体造成消极性影响,但并非所有焦虑均会对个体造成负面影响,适度的焦虑还可提高个体的工作与学习效率。武成莉(2004)认为,焦虑与个体的生活效率之间可形成倒 U 型曲线关系,当个体得到的焦虑程度为中度水平时,可获得最佳的工作与学习效率。

也有学者(如 McCrae & Costa, 2003)将焦虑分为正常焦虑与神经过敏性焦虑两类。一般认为,个体在遇到潜在危险并威胁到自尊心,且预测到自己难以应对此类危险时,所产生的中等水平焦虑属正常现象。但正常的焦虑若过度发展,致使个体自尊心受到打击或伤害,可能会引起神经过敏性焦虑。当患神经过敏性焦虑的个体面临某潜在危险或挑战时,倾向于形成过度担忧的反应,且此类担忧较稳定,难以消退。

(二)焦虑形成的原因

不同学者对焦虑的概念、焦虑的分类众说纷纭,同样,就"焦虑形成的原因"这一问题,不同学界、不同学者的理解也各有侧重。一般来讲,存在主义哲学派、心理分析学派、行为主义教育学派以及认知学派对个体的焦虑现象研究最为深入,现逐一阐述。

(1)存在主义视角下的焦虑观

存在主义焦虑观认为,焦虑的本质源于人的存在与非存在之间所产生的矛盾。最早关注人的焦虑现象、从事焦虑研究的是存在主义哲学界。其代表人物丹麦哲学家 Soren Kierkegaard 在《畏惧与颤栗、恐惧的概念、致死的疾病》一书中认为,焦虑是个体在发展过程中面临选择时必然产生的心理体验,是人的"特殊存在的状态"。动物与天使或许不会产生焦虑现象,但人类只要存在,即会焦虑。因为每个人在自我生存与发展的过程中都会面临种种选择,在选择不同路径的过程中,个体因无法准确估计未来道路的潜在危险，会在心理上产生不确定性，从而形成焦虑情绪。人并不是从出生就能够体验到焦虑。Soren Kierkegaard（2013）认为，焦虑是随着个体的自我意识发展而逐渐形成的。认知发展尚未达到一定层次的儿童并不具备足够的自我意识，因此对儿童来讲焦虑并不存在，其相似的体验更多表现为对周围或未来事物的害怕。只有当儿童的认知发展到达一定的阶段、逐渐形成自我意识时，其在个人成长过程中才会出现独立选择自己生活道路的心理倾向性，焦虑体验也随之显现。

随后，心理学界试图通过 Soren Kierkegaard 的存在主义哲学观对人类的焦虑现象做进一步解释。他们从宏观社会学角度重新审视焦虑，认为当今越来越多的人产生焦虑体验的根本原因在于现代人类社会价值观的混乱与迷茫。以机器化大生产为例，在现代社会，生活中越来越多的领域出现机器生产代替手工劳动的现象。面对庞大且始终高速运转的机器，人类手工劳动既不能够与机器生产相抗衡，又不能够按照自己的意愿生存，这种生活境遇严重威胁到了人类的存在，甚至使得大部分社会底层的人群体验到不安、茫然与孤独，久而久之形成焦虑现象。因此，从存在主义哲学观来看，出现焦虑情绪的本质原因在于人类的存在感与价值受到了威胁，焦虑现象的根源在于人类的存在与非存在之间的矛盾。

（2）心理分析学派的焦虑观

焦虑现象同样是心理分析学派的主要关注课题之一。心理分析学派代表人物 Freud 先后对人类的焦虑现象做出以下两种解释。起初 Freud（1960）认为，"本我"是焦虑的根源。当代社会的文明在本质上是对人性的约束和否定。受现代文明道德观、生活方式的禁锢，人类的本能长期处于被压制状态，焦虑现象是由长期受压的人类本性转变而来，焦虑实际上属于神经症的一种。随后，Freud打破自己之前的论断，认为"自我"是焦虑的根源。他认为（Freud，1960），当人类面临自己的常态生活出现变化时，"自我"倾向于认为当前的生活现状与未来境遇之间会形成张力，若个体将这种张力视为危险信号，即会形成焦虑情绪。在这种状态下，个体会通过调整学习或工作策略、改变活动方式等途径建立自身的防御机制，从而达到减轻焦虑症状、保持情绪稳定的目的。但Freud同时指出，也有一些基本焦虑难以抗拒，例如失去亲人、阉割恐惧等。他认为，人类的焦虑现象一部分源于后天习得，还有一部分焦虑是个人遗传所致。由此可见，在Freud眼中，焦虑的根源在于人类的本能，个体在特定时期内所面临的、对自身产生潜在威胁的内外部情境刺激是人类出现焦虑情绪的诱因。

随后，心理分析学派的部分学者从社会文化视角（如人际关系理论、社会文化神经症理论、人本主义精神分析理论等）对Freud式焦虑观做进一步发展，在接受"焦虑源于人类本能"的同时，更加强调人际关系、社会文化等方面对人类焦虑现象的重要作用，并尝试从社会文化视角找出缓解或克服焦虑情绪的有效方法。

(3) 行为主义视角下的焦虑观

行为主义视角下的焦虑研究一般与个体的学习过程紧密结合。行为主义流派认为，焦虑是个体在后天成长过程中逐渐习得的。行为主义派代表人物Miller与Dollard在Freud心理分析学的基础上，运用"内驱力"、"线索"、"反应"等学习理论（见赫尔学习理论）中的概念进一步解释了焦虑产生的原因。行为主义学派认为，焦虑产生的原因可视为"内驱力"，其产生的条件可视为"线索"，焦虑产生的结果则是人的一种"反应"。首先，当个体面临所处环境中的潜在危险或恐惧时会出现一级内驱力，焦虑即是在这种一级内驱力基础上所形成的二级驱力；其次，焦虑源于个体的内驱力不一致、进而形成的冲突，可视为个体调整或回避某种潜在危险性刺激而产生的调节机制。同时，行为主义理论认为（如 Mower，1939），在人的学习过程中，焦虑是学习者产生痛苦反应时所形成的条件刺激，正是这种较强烈的不愉快情绪激发了学习者的行为，成为学习者形成新习惯的内驱力。由此一来，行为主义视角下的焦虑观将心理分析理论与学习理论结合起来，使焦虑研究的视角与范式从理论层面扩展到应用层面。

20 世纪中后期，行为主义学派又关注到了认知与人类焦虑现象的密切关系，认为个体的焦虑现象受多方因素的影响，不仅与个体自身、所处环境的内外刺激有关，而且作为一种情绪反应，焦虑还与个体对某种刺激的认知紧密相关。

(4) 认知视角下的焦虑观

主张在认知视角下讨论焦虑问题的代表学者有 Beck、Ohman、Spielberger 等。其中，Spielberger 在焦虑研究领域的主要贡献在于其"状态－特质焦虑理论"，因前文已做简单的介绍，故不再详细论述。Beck（1974）所提出的"情绪障碍认知模式"认为，人类每一种特定的认知内容均与其所受的神经症障碍遥相呼应。一般来讲，个体对神经症障碍会产生两类的认知：即表层的认知与深层的认知。表层认知体现为个体在面临环境改变时所产生的消极思想，Beck 称之为"负性自动想法"；深层认知表现为个体自身的功能性失调，Beck 称其为"认知图式"。焦虑产生的过程可解释为个体的"认知图式"出现功能性失调，导致"负性自动想法"被激活。该"负性自动想法"是以危险、不安为主题的消极思想，会系统地扭曲个体的信息加工过程，使其错误地预计该"危险"出现的程度（一般会夸大危险），并低估自己处理问题的能力。因此，个体会出现对自身、周围环境等方面的心理担忧。根据该理论，Beck 认为缓解个体焦虑情绪的根源在于改变扭曲的旧图式，建立新的、更加积极的认知图式。

Ohman（1993）通过信息处理模型（Information-processing Mechanism）来解释焦虑现象，认为焦虑的产生可解释为一种信息处理过程（如图2-2）。按照信息处理的先后顺序，焦虑的产生须经过"特征探测器"、"重要性评估器"与"意识知觉系统"三种机制。外界的刺激首先通过个体的"特征探测器"进入人的信息处理系统，然后经过"重要性评估器"最后传递到"意识知觉系统"。在此过程中，前两种信息处理机制若感知到外界的刺激具有"危险性"时，便使其进入到"唤醒系统"与"预期系统"进行判定。不论信息传入的路径如何，最终均由个体的"意识知觉系统"对外界刺激进行最终判定，引导个体对界入的信号做出对策或反应。如果外界刺激具备"危险性"且难以处理，个体就会产生焦虑现象。Ohman的信息处理模型认为，焦虑根据信息处理过程的不同可分为两类，即直接焦虑与间接焦虑。当个体的特定思维受限，导致无法回避焦虑源时所产生的焦虑为直接焦虑，而通过"重要性评估器"与"唤醒系统"识别的外界刺激所导致的焦虑则属于间接焦虑。

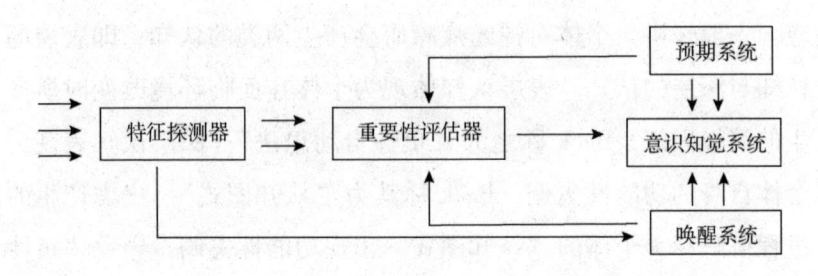

图 2-2 焦虑的信息处理过程

综上可见，存在主义焦虑观的主要贡献在于对焦虑产生的本质进行了详尽的解释，其研究的理据主要是以现象学哲学思想为基础，对人类产生焦虑现象做出宏观层面的解释，类属于对焦虑的定性研究；心理分析学派对焦虑的研究除了对人类的本性进行剖析以外，还通过社会文化视角尝试对焦虑的产生进行多维度阐释，并试图找出缓解焦虑的有效途径，因此其研究开始从单纯的定性研究逐渐向应用研究转变；行为主义视角下的焦虑研究则将焦虑现象与人的学习过程紧密联系，相关学者在运用刺激-反应理论解释焦虑现象的同时，更加关注如何通过缓解学习者的焦虑情绪，最终达到提高学习效果的目的。该视角下的焦虑研究更多关注的是微观层面下的应用研究；认知领域中的焦虑研究将关注视角进一步"降低"，更强调从个体的信息处理系统入手来解释焦虑，其研究视角更加具体、细微，研究焦虑的最终目的在于解决焦虑患者的实际问题。因此从焦虑研究的发展来看，相关研究大致经历了一个由宏观到微观、由定性研究到应用研究的转变过程。

二 外语学习焦虑

（一）概念及分类

由于缺乏足够的科学实验研究、可信的焦虑测量方法，有关外语学习焦虑的早期研究成果仅是一系列"复杂而又令人困惑的结论"（Scovel，1978），外语学习焦虑并没有与普遍意义上的"焦虑"概念完全割裂开来。最早将外语学习焦虑作为语言学习过程中特殊存在的焦虑现象而独立进行研究的是心理学家Horwitz。Horwitz等（1986）认为，外语焦虑是语言学习过程中所特有的现象，该焦虑情绪与课堂语言学习有关，产生于外语或二语学习者的语言学习过程中，是一种独特而又复杂的自我认识、信念、情感和行为。数年之后，MacIntyre与Gardner（1991）再次对外语学习焦虑进行定义，认为外语焦虑是"当个体在没有足够掌握外语的前提下需要使用该语言时所体验到的疑惧感，这种疑惧感以诋毁自我、忧虑或其他生理反应为标志"。随后，MacIntyre

与 Gardner 将外语学习焦虑进一步定义为"语言学习者对其二语或外语学习过程、周围环境相关的各方面紧张与畏惧感"（MacIntyre & Gardner，1994）。Arnold 等（1999）认为，外语学习焦虑是指外语学习者由于不能够达到预期目标、不能够克服某些学习障碍的威胁而形成的紧张不安或恐惧情绪。

根据焦虑对外语学习产生的效果不同，Scovel（1978）将外语学习焦虑划分为"促进型焦虑（Facilitating anxiety）"与"抑制型焦虑（Debilitating anxiety）"两类。其中，"促进型焦虑"是由个体的适度紧张而产生一种积极心理因素，能够促进语言学习者的学习动机，对外语学习起到一定的激励作用；"抑制型焦虑"则由个体的过度紧张、担忧所引起，是一种消极的心理因素，会导致学习者逃避外语学习、产生厌学情绪（赵燕，2006）。然而，Krashen（1982）认为，在外语学习过程中，学习者的焦虑水平越高，阻止目的语言输入的"情感过滤机制"作用就越明显，因此外语学习焦虑在很大程度上对外语学习效果起到的是负面影响。无独有偶，Horwitz（1986）的实验也显示，"促进型焦虑"可能仅出现在较简单的学习任务当中，而在学习过程较复杂、学习任务较重的语言学习环境中，往往更易产生的是抑制型焦虑。因此，Horwitz 与 Young（1991）根据外语焦虑产生的原因，将外语学习焦虑划分为"交际畏惧（communication apprehension）"、"消极评价恐惧（fear of negative evaluation）"及"考试焦虑（test anxiety）"三个类别。McCroskey（1978）认为，"交际畏惧"是指讲话者对谈话双方的交流预期或实际情况产生的恐惧或焦虑情绪，由此出现的伴随性行为特征是交际回避或退缩。在外语学习过程中，若学习者过于担心自己不能运用目的语完成交流任务，则易产生交际畏惧；"消极评价恐惧"是指畏惧他人的评价，容易对消极评价产生沮丧、畏惧心理，担心他人会对自己做出消极的评价（Watson & Friend，1986）。Horwitz（1986）认为，在外语课堂教学中，学生使用自己并不熟练的外语进行交流时所出现的局限性极易造成消极评价恐惧；"考试焦虑"是指学习者过于担心自己考试失败，从而带着恐惧心理看待考试过程中的任何不充分情况（Sarason，1978）。Culler & Holahan（1980）认为，考试焦虑可能是由学生自身能力的不足而引起，但也可能是由于学生对自己的考试失败经历过度回忆而造成的。

（二）相关研究梳理

20世纪四五十年代起，外语学习者的焦虑现象开始引起国外心理学、教育学、语言学界的关注。1945年，Witternborn、Larsen与Vigil对学习西班牙语和法语的本科生进行问卷测试，发现考试成绩与外语学习者的焦虑水平有一定的相关性：焦虑水平低的外语学习者考试成绩更高，考试成绩与外语学习者的焦虑水平呈负相关关系。20世纪70年代，Chastain通过一系列的实验研究，探究外语学习焦虑与学习成绩之间是否具有相关性。研究结果发现，采用听说教学法教授的法语课程，学习者的学习成绩与焦虑水平呈负相关关系，而通过传统的语法翻译法所教授的德语、西班牙语课程，学习者的学习成绩与焦虑水平呈正相关关系。Kleinmann（1977）选择阿拉伯语、西班牙语学习者作为研究对象，通过实验发现外语学习者在其学习过程中产生的焦虑可分为促进型和阻碍型两类。McCroskey、Fayer与Richmond（1985）以波多黎各大学的英语学习者（母语为西班牙语）为研究对象，探究英语学习者的交际畏惧现象与自我认知之间的关系。研究发现，被试在使用西班牙语（母语）的过程中，未出现交际畏惧现象，但其在使用英语（外语）的过程中，容易出现交际畏惧的现象，尤其是当被试对自己的英语水平自我评价较低时，更易出现交际畏惧。由此，McCroskey、Fayer与

Richmond 认为，交际畏惧并不会出现在母语学习过程中，只有学习者在使用外语的过程中才会出现交际畏惧现象。Steinberg 与 Horwitz（1986）将外语水平相当的二语学习者分为两组，令其使用第二语言对目标图片发表自己的见解。实验过程中，研究者对第一组被试采用冷漠、严肃的态度，令其完成实验任务，营造出相对紧张的实验氛围；但对第二组被试态度和蔼并热情招待，营造出相对轻松的实验氛围。实验结果发现，第一组被试不愿意主动使用第二语言完成实验任务，而第二组被试对目标图片的理解较深入，更倾向于使用第二语言发表自己的见解。由此，Steinberg 与 Horwitz 认为，焦虑情绪对学习者的二语或外语学习效果具有重要的影响，甚至能够影响到学习者对于目标语言的认知掌握程度。1986 年，Horwitz 等通过各项实验发现，外语学习焦虑是语言学习者在学习二语或外语过程中产生的一种特殊焦虑现象，有别于普遍意义上焦虑情绪。外语学习焦虑最主要的表征方式是交际畏惧、消极评价恐惧及考试焦虑，但外语学习焦虑并不是上述三种焦虑情绪的简单叠加，而是由语言学习者的个人性格决定的特殊心理过程。根据多项实验成果，Horwitz 等针对外语学习焦虑的特殊性，设计出外语课堂焦虑量表（Foreign Language Classroom Anxiety Scale，FLCAS），并通过一系列实验验证了该量表的信效度。

20 世纪末，更多针对外语学习焦虑的实验研究表明，外语学习焦虑对于二语或外语听、说、读、写四个方面均起到不同程度的消极影响作用。例如，MacIntyre 等（1991）发现，外语学习焦虑会影响到学习者在听力过程中的短时记忆，并由此降低学习者的听力效果；Phillips（1992）的实验研究表明，存在焦虑情绪的外语学习者在使用目的语进行交流时，会存在一定程度的紧张、畏惧感，致使交流出现障碍；Cheng、Horwitz 与

Schallert（1992）使用"外语课堂焦虑量表"对台湾的英语学习者进行测量，发现外语课堂焦虑与学习者的听力、口语水平呈现较明显的负相关关系；Hilleson（1996）通过对外语学习者的学习日记进行总结发现，被调查学生群体不仅在外语听力与口语学习过程中存在焦虑情绪，在阅读、写作过程中该负面情绪同样存在；Vogely（1998）根据外语学习者的学习笔记发现，外语学习焦虑对二语或外语的听力理解与听力成绩起到明显的消极影响作用；Saito、Horwitz 与 Garza（1999）采用"外语课堂焦虑量表"与"外语阅读焦虑量表"对美国的外语学习者进行测试，发现外语阅读焦虑会随着目标学习语种的不同而发生变化，比如日语学习者存在的阅读焦虑高于西班牙语学习者。

　　20 世纪末至 21 世纪初，外语学习焦虑的相关课题开始逐步进入我国语言学、教育学研究者的视域。学者们多采用 Horwitz 式"外语课堂焦虑量表"对不同年龄、不同性别的各级外语学习者给予测试，所涉及的研究对象包括中小学生、本科生、研究生等多个群体。例如，陈劭（1996、1997）自制"英语学生焦虑感测试量表"对南京外国语学校的高二年级学生施测，发现外语学习焦虑可分为"性格型焦虑"和"环境型焦虑"两大类，"性格型焦虑"和"环境型焦虑"之间呈正相关关系，且都与学生的英语口语水平呈负相关关系。王琦、丁喜善（2001）采用 Horwitz 的"外语课堂焦虑量表"对西部农村中学生进行焦虑测试，发现西部农村中学生英语学习焦虑水平较高，与被试的英语学业成绩呈负相关关系，英语学习焦虑更多的是以交际畏惧为表现形式，且男生的外语学习焦虑水平高于女生，文、理科学生的焦虑水平无明显差异。王才康（2003）使用"外语课堂焦虑量表"对广州市某大学的大二学生施测，对测试结果进行因素分析后发现，被试在学习英语过程中产生的焦虑感表现为担心、紧张、交际畏惧、害怕提问四个方面；女生的焦虑水平显著低于男生；我国大学生的外语学习焦虑水平低于国外学习其他外语的大学生。唐文芳（2006）采用"外语课堂焦虑量表"对四川省某高中三个年级的高中生施测，发现大多数被试的外语学习焦虑处于中度水平，其中女生的外语学习焦虑水平显著高于男生，高三年级被试的外语学习焦虑水平显著低于高一、高二年级被试。邵新光、张法科（2008）采用"外语课堂焦虑量表"与访谈相结合的方法，对济南大学非英语专业的大二学生施测，分析网络多媒体环境下本科英语学习者的焦虑情绪。研究结果发现，网络多媒体环境能够提高学生的英语学习兴趣，从而间接降低学生的英语学习焦虑水平。龚江平、高学（2009）使用"外语课堂焦虑量表"对197名藏族大学生施测，发现与汉族学生相比，少数民族大学生的外语学习焦虑水平更加明显，其中外语课堂中的交际畏惧现象是藏族学生外语学习焦虑的最主要表征方式。裴晓菁（2013）同样运用"外语课堂焦虑量表"与访谈相结合的方法，对上海市某高职院校150名非英语专业学生施测，发现男性被试的外语学习焦虑水平略高于女性被试，被试出现焦虑的原因主要在于教师、自身的英语水平以及各类考试。张丽敏（2014）为探究英语学习者在学习过程中存在的交际畏惧与考试焦虑现象，采用"外语课堂焦虑量表"对山东省某理工类高校的二年级研究生施测，测试表明，英语学习焦虑在理工类专业学生的学习过程中普遍存在，其中口语焦虑是最明显的表现方式之一。代昊萌（2015）采用"外语课堂焦虑量表"与访谈相结合的方式，对安徽省某中学八年级学生施测，发现在"新课改"与互联网信息背景下，中学生的外语学习焦虑水平比以往相关的调查结果有所改善，英语学习焦虑与英语考试成绩之间仍存在负相关关系。

第三节 冲突与语言冲突

一 冲突

(一) 概念的厘定

20世纪五六十年代,世界格局的再度紧张使得功能主义社会学受到越来越多的怀疑。在此背景下,以社会变迁为理论导向、将社会冲突视为社会变迁源动力的社会冲突理论开始受到西方社会学界的认可(宋林飞,1997)。早期的社会冲突论者 M. Weber 认为(Weber,1958),权力(power)、权威(authority)、地位群体(status group)、支配(dominance)等因素是促使社会出现冲突的重要元素。随后,R. Dahrendorf 进一步发展 Weber 的"权力中心说"思想,认为冲突是具有普遍性的,广义的社会冲突不仅包括群体之间的激烈交锋,还包含"任何目标不相容群体之间的非和谐关系",因此冲突是普遍存在于社会中、难以完全消除的(Dahrendorf,1959)。

那么,何为冲突?不同学者对于冲突的理解各有侧重。例如,Mack 与 Snyder(1957)认为,冲突往往是伴随着争夺社会地位、稀缺资源或引起社会变革的机会而产生的;Dahrendorf(1959)指出,冲突可以指代任何目标不相容群体间有形或无形的碰撞,只要群体间的目标难以调和,就可以认为他们之间存在着冲突关系;Kriesberg(1973)提出,冲突是两个或两个以上社会群体由于目标不可调和而产生的斗争;Himes(1980)认为,冲突是社会群体为获取地位、权力、资源或其他具有价值的事物而与其他社会群体之间产生的斗争;Bartos 与 Wehr(2002)则认为,冲突是一种社会场景,冲突的参与者通过冲突行为对不相容的目标或群体表达敌意。

在与冲突相关的概念中,竞争最为常见(李丹,2015),但社会学界对于冲突与竞争之间的关系问题并未达成一致,这或许也是导致学界对冲突理解不同的原因之一。例如,Coser(1956)指出,冲突是以争夺价值、稀缺地位、权力、资源为目的而产生的,在争夺的过程中,双方会以破坏、甚至伤害对方为目的。而竞争则具有规范性与隐蔽性的特征,其破坏性、影响力要远远小于冲突,竞争的双方会预先设定标准,根据标准来衡量优胜者,其过程较为平和;Kriesberg(1973)认为,竞争与冲突的概念不同,应该严格区分:互相竞争的群体之间往往并不能够意识到自身处于竞争状态,竞争中的群体不会爆发冲突,而冲突产生的条件在于冲突双方意识到自身与对手之间存在难以调和的目标。相比之下,Dahrendorf对于冲突与竞争的关系持不同意见。他认为(Dahrendorf,1959):"针对那些没有表现出外在斗争形势的对抗与紧张态势,有些学者倾向于使用争论、竞赛、竞争等其他概念,认为冲突总是用来指代社会力量间的有形碰撞……然而,我选择在研究中使用'冲突'一词,涵盖'竞赛'、'竞争'、'争论'、'紧张态势'以及其他外显的碰撞形式,因为普遍意义上的'冲突'概念并没有暗含任何对冲突强烈程度的判断"。根据学者们对冲突的不同理解,何俊芳(2009)将冲突的概念总结为广义的冲突与狭义的冲突两大类别。其中,广义的冲突涵盖社会力量之间的争夺、竞争、争执、紧张状态等相对缓和的、隐性的状态(如Dahrendorf,1959);狭义的冲突则仅指代对立双方之间外显的、激烈的争斗(如Coser,1956)。

(二)冲突的分类

西方社会学者们根据不同的分类标准,将冲突划分成不同的类别。例如,Simmel(1922)以"冲突作为手段还是作为目标"

为划分标准，将冲突划分为现实性冲突（realistic conflicts）与非现实性冲突（unrealistic conflicts）两类。其中，现实性冲突是为了达到某个目标而采取的一种手段；非现实性冲突是源于某种占有性冲动，冲突引导者并非旨在获取某种结果或占有某个目标，而在于将冲突本身所具备的能量发泄出来（李丹，2015）。Coser（1956）认为，非现实性冲突往往对于现实性冲突起到加强效应，二者共存会增加冲突的强度。以冲突的单位为划分标准，Simmel（1922）将冲突分为群体内部的冲突、群体间的冲突两类。其中，"群体"的概念具有一定程度的包容性与延展性，既可包括国家、民族，也可包含民族内部的更小规模政治、文化实体（李丹，2015）。

Simpson（1937）以冲突的基础为划分标准，将冲突分为共有冲突（communal conflicts）与非共有冲突（non-communal conflicts）：当不同群体间的分歧建立在一致的基础上，则产生共有冲突；若冲突群体间无法找到能使对方妥协的共有目的时，则产生具有破坏性、分裂性的非共有冲突。根据 Simpson（1937）的划分标准，Coser（1956）将冲突进一步分为"基本一致内的冲突（conflicts within the basic consensus）"与"超出基本一致的冲突（conflicts over the basis of consensus）"两类。"基本一致内的冲突"对于消除冲突双方关系中的分裂元素、重建统一具有一定程度的积极作用；但是，若冲突双方的核心目标、基本利益、价值观等发生分裂，难以调和的时候，则会出现"超出基本一致的冲突"。根据两类冲突的释义，李丹（2015）将上述两种冲突分别称为"共识性冲突"与"非共识性冲突"。

以冲突的领域为划分标准，冲突可分为政治冲突、经济冲突、宗教冲突、文化冲突、民族冲突、种族冲突、语言冲突等，但没有任何一种类型的冲突会完全孤立于其他类型的冲突而单独存在,各个类型的冲突之间总会存在着千丝万缕的关系(李丹,2015)。以语言冲突为例,在多民族、多语言的国家或地区,隐藏在语言冲突背后的往往是诸如政治、经济、文化、宗教等更深层次的非语言因素,而语言仅仅是其他深层次冲突源的外在表征。

二 语言冲突

(一)概念的厘定

语言是民族文化的载体,是人类最重要的交流工具,语言冲突是众多冲突类型中的一种。Nelde(1998)认为,语言冲突是双语或多语环境下,两个或两个以上语言群体间的对立状态。Swaan(2001)指出,语言冲突是一个民族、国家或其他政治实体中,各个群体关于哪种语言应该被官方所承认、保护或发展而产生的分歧。可见,Swaan所提出的概念中,发生语言冲突的群体可大可小:语言冲突既可以发生在不同国家间,也可发生在同一国家中的不同民族内部,甚至发生在同一民族中的不同支系间。何俊芳、周庆生(2010)认为,语言冲突不仅包含由语言文字问题引起的外显性激烈争斗、甚至战争,也包括言论上的争执、争端等不和谐现象。李丹(2015)在认同Dahrendorf广义冲突论的基础上,认为语言多样性的事实合理化了语言冲突的普遍性特征,因此语言冲突的概念应包括语言竞争、语言矛盾、语言争端等隐性的语言不和谐现象,语言冲突是一个从温和到剧烈表现形式的连续统。

本书汲取Dahrendorf社会冲突论的相关定义及思想,认为语言冲突既包括了语言群体间由于语言问题而引发的显性斗争行为,也包括语言群体间、语言群体内部由于目标难以调和而存在的隐性对立或不和谐状态。本书所涉及的"语言冲突"概念隶属于广义上的语言冲突,所讨论的"语言冲突"问题隶属于我国少数民族群体内部隐性的语言不和谐或语言竞争现象。

(二)语言冲突的原因及分析维度

语言冲突是由什么原因导致的呢?Marx曾提出,人们所奋斗、争取的一切,都与他们的利益相关。社会冲突论者认为,权力是出现社会冲突的核心原因。因而,语言冲突作为社会冲突的一种类型,权力在语言冲突中扮演了重要的角色(李丹,2015)。Fairclough(1989)将权力划分为两类:通过强制或暴力手段而达到目的的权力称为"硬权力",如政治、军事权力;通过文化、语言手段而实现目标的权力称为"软权力"。Bourdieu(1991)提到,在日常生活中,权力很少以武力的形式出现,而更多是以一种象征形式出现,并被赋予一种本可能无从获得的合法性。李丹(2015)认为,Bourdieu所提出的象征性权力即是Fairclough所谓软权力的一种,语言冲突源于语言中所包含的象征性权力。正如Loos(2000)所提,象征性权力作用在语言市场中,即可实现不同类型的资本之间互惠互利:良好的教育作为一种文化资本,其中必然包含着掌握一门或几门语言,而语言资本与文化资本的双重叠加又是获取一份高收入工作的有力保障。当人们获取一份高收入的工作、积累了足够的经济资本以后,社会声望便作为一种社会资本应运而生。由此可见,语言的象征性权力是实现其他资本与权力的有力保障,能够从侧面帮助某个群体实现强制权力所无法实现的目的。在此过程中,语言所体现的象征性权力更加隐蔽,却影响重大。因此,几乎所有的社会冲突中都或隐或显、或多或少地融入了一些语言因素,语言冲突极少源于单纯的语言、文字问题,其背后往往隐藏着经济、政治、文化、宗教等其他更深层次的诱发因素(李丹,2015)。

何俊芳(2009)提出,语言冲突的根源在于不同语言群体间在语言利益上的差别与对立,语言冲突与语言群体间、语言群体内部直接或间接的语言利益追求密切相关。在此基础上,语言冲突产生的基本条件主要有以下几个方面:1. 语言在社会中缺乏平等的法律地位;2. 在多种语言共存的前提下,语言法规模式的建立仅倾向于其中的某一种语言;3. 制定的语言规划与语言政策不切合语言的实际使用状况;4. 人为地限制某一语言在最重要的社会领域中行使其功能;5. 单向的、不平衡的双语政策,或原本比较平衡的双语政策突然向不平衡的方向转变;6. 在语言群体内把是否掌握某种语言作为实现政治、经济、社会、文化方面基本权利的依据;7. 要求从一种书写体转为另一种。当然,何俊芳(2009)同时强调,上述诱因仅是导致语言冲突的部分因素,语言冲突的发生可能还存在着大量的其他直接或间接因素,不同社会文化背景下的语言使用、语言问题错综复杂,无法在有限的资料中一一囊括。

李丹(2015)结合国内外社会学、语言学者的相关论述,认为语言冲突以特定的社会现实为背景,可体现在四个维度中:语言结构维、语言使用者年龄维、语言地理分布维、语言功能维。其中,"语言结构维"表示语言冲突可能体现在民族群体之间或民族群体内部的语言本体规划当中,如语言、语法、词汇、文字等方面的使用标准或正字法过程;"语言使用者年龄维"是对语言使用者的年龄进行层级划分,语言冲突可能存在于语言使用者的年龄差异当中;"语言地理分布维"关注于不同语言或方言之间的地理起源,语言冲突可能出现在不同语言或方言之间的传播过程中;"语言功能维"是以语言的功能为划分标准,将语言分为家庭语言、社区语言、教育语言、大众传媒语言、国家工作语言五个等级(如图2-3所示),语言冲突可能源于不同语言的功能等级差异。

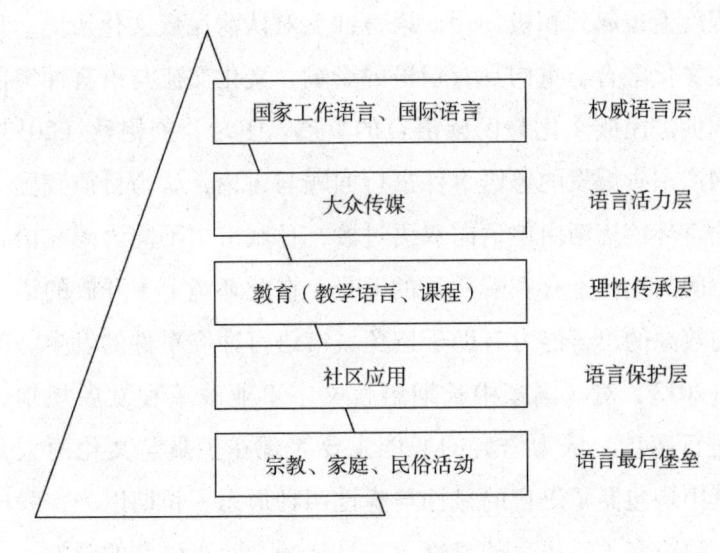

```
         ┌─────────────────────┐
         │ 国家工作语言、国际语言 │      权威语言层
         └─────────────────────┘
          ┌───────────────┐
          │   大众传媒     │          语言活力层
          └───────────────┘
          ┌───────────────────┐
          │ 教育（教学语言、课程）│        理性传承层
          └───────────────────┘
            ┌─────────┐
            │ 社区应用 │              语言保护层
            └─────────┘
            ┌──────────────────┐
            │ 宗教、家庭、民俗活动 │     语言最后堡垒
            └──────────────────┘
```

图 2-3 语言冲突的功能维度

三 语言冲突的区域、国别研究

21世纪初，语言冲突的相关研究已从理论发展至实践，国内外学者已关注到欧美、亚洲、非洲等多个国家和地区的语言冲突问题，相关研究多通过将语言冲突与当地多语社区的历史、文化、教育、宗教等因素相结合，探讨多语、多元文化地区的语言政策制定及实施问题。本节以语言冲突爆发的区域、国别为划分标准分别予以梳理。

（一）我国多语、多民族地区的语言冲突

我国的语言冲突问题多发生于边境地区或多语、多民族地区。目前，相关研究针对我国多元文化地区的民族文化优势，从语言使用、语言教育层面探讨如何充分发挥语言冲突的积极影响作用，促进该地区的多元文化发展。例如，薛香莲、刘金荣（1999）提出，语言是文化交流的媒介，在人类的多元文化背景下，语言冲突具有客观性与普遍性。语言冲突对人类社会不仅仅是消极作用，在一定程度上也起到积极作用。语言冲突对认清民族文化历史、促进民族文化融合与重构具有积极的影响，文化交流与语言冲突能够共同促进民族文化与民族语言的发展。王玲、刘艳秋（2013）对我国广东省爆发的粤语事件进行回顾与讨论，认为目前我国的城市语言环境逐渐由单语向双语过渡，且城市中不同语码在语言使用空间与地位上存在着明显的差异。在此环境下，开放的语言意识与较高的语言能力有助于避免城市语言冲突事件的发生。李宇明（2013）对《国家中长期语言文字事业改革和发展规划纲要》进行解读，认为语言的职能主要表现在工具与文化两大范畴，其中均包涵了语言的显性与隐性两种形态。长期以来，我国的语言政策多关注语言的显性、工具范畴，而对语言的隐性、文化范畴关注不足。由此，李宇明认为我国的语言政策与规划事业应更多关注语言的文化职能，和谐语言生活、缓解语言冲突。尹文山（2014）以我国云南省少数民族地区的高职英语教学为例，认为在少数民族地区的多元语言、文化背景下，外语的学习过程与学习者的母语文化存在竞争关系，随之带来的语言冲突会对外语学习者带来一定的积极与消极作用。因此，少数民族地区的大学英语教学工作应采取针对性的方法，降低语言冲突所带来的消极作用。戴庆夏（2016）以我国中缅边境的景颇族为例，对景颇族的语言本体及其历史文化进行分析，认为跨境语言的冲突与和谐是客观存在、自然演变的规律，相关部门若能根据跨境语言的特点与优势进行针对性的语言战略规划，即能化解或减少矛盾，将跨境语言变为一种优势资源，促进民族发展、保证国家安全。陈钰（2016）提出，不同的民族语言对应着不同的文化系统，民族语言中蕴含着本民族文化价值的取向与审美，是本民族在特定的生长环境中经过历史发展所遗留下来的宝贵财富。我国少数民族在学习汉语作为第二语言的过程中，难免产生不同程度的语言、文化冲突，所涉及的冲突不仅会表现在民族文化差异方面，还会体现在民族学生的文化心理等方面。教育规划部门可从多元文化观建立、寻求文化共性、汉语学习兴趣的培养、教师跨文化素养的提高等方面入手，化解或缓解少数民族二语学习中的语言冲突问题。

（二）欧洲与美洲的语言冲突

欧洲与美洲地区的语言冲突研究多关注美国、加拿大、荷兰、加勒比海域等多语、多民族地区。例如，Faries（1991）对加拿大安大略地区的北印第安人进行考察，发现当地的儿童在日常生活中均使用母语克里语（Cree），但在课堂教学中却不得不使用它们并不熟悉的英语。自此基础上，北印第安儿童的教学用语与生活用语、学习过程与本民族文化之间出现了语言冲突，致使学生的学习效率相对低下。研究者认为，学校应采取母语－英语循序渐进的方式开展双语教育，在保护本民族母语的前提下开展教学工作。Cecillon（2007）通过对加拿大温莎法语社区的历史发展、语言文化、宗教信仰等方面进行全面剖析，剖析了1912年安大略政府由于限制法语在教育场所的使用而造成的语言冲突事件。研究认为，针对当地语言群体的历史文化特点，恰当地实行双语教育政策是化解多语、多元文化地区语言冲突的有效措施。Merritt（2011）通过访谈与参与式观察相结合的方法，对美国加利福尼亚Midville地区西班牙裔中学生的英语学习体验进行了个案研究。研究发现，由于西班牙裔学生在其小学教育阶段与日常生活中多使用西班牙语，当其面对英语为教学媒介语的中学课堂教育时，学校内、外部环境的语言冲突造成了学生的个体身份认同模糊、学习效率低下等问题。

郭春发、张伟胜（2006）通过对美国历史上的三次文化冲突，即宗教冲突、语言冲突与种族冲突进行回顾，认为美国公立学校为了消除差异、倡导单一文化所进行的语言政策改革是三次冲突的主要诱因。当代美国政府吸取了历史上的经验，在尊重差异的基础上倡导多元文化主义，为世界各国、尤其是多民族多元文化地区如何缓解语言文化冲突提供了历史范本。潘月洲、沈骑（2014）对社会冲突与语言冲突的概念进行厘定，并对美国历史上的语言冲突及其诱因予以探讨。研究认为，美国历史上的语言冲突主要源于主导群体利用语言政策作为其攫取利益、维护优势地位的工具。研究通过基于回报递增、基于承诺递增、基于日益客观化三个框架分析了美国语言冲突的制度化过程。

（三）亚、非地区的语言冲突

长久以来，亚、非地区受殖民统治、民族传统文化多元等多方因素的影响，所产生的语言冲突问题受到国内外社会学、语言学者的广泛关注。例如，AL-Haq（1985）通过对约旦的语言政策、当地居民的语言使用状况、当地居民对阿拉伯语与英语的态度、学生群体的外语水平等进行调查与测试，认为约旦匮乏的教育资源限制了民族双语教育的发展，间接导致该国的语言政策与民众的语言态度出现不和谐因素，从而引发了不同语言群体间的冲突。Orosz（2003）通过对德国、法国殖民时期的喀麦隆语言政策进行分析，认为该国在不同时期所实施的语言政策受外国殖民、第一次世界大战、本国民族文化传统等因素的影响，所产生的语言冲突是历史、政治、宗教等多重作用的结果。Hashim（2006）通过对非洲桑给巴尔地区（Zanzibar）的殖民历史进行详尽叙述，认为英国、阿拉伯国家的先后殖民导致了桑给巴尔地区存在英语、阿拉伯语、斯瓦西里语多语共存的状况，不同的语言群体为争夺政治、经济、宗教利益而爆发了语言冲突。研究认为，多语地区曲折的殖民历史、多元的民族文化所导致的利益不平衡是产生语言冲突的重要因素之一。

李红毅（2007）通过对印度的三语政策进行梳理，认为三语政策是在印度多元文化与英国殖民历史的交融下产生的，印度的三语政策确立了印地语与英语的官方语言地位，使得语言政策成为当地权力竞争的角斗场，也从侧面体现了多语背景下，印度不同语言群体之间的语言竞争关系。何俊芳（2009）以印度、斯里兰卡、哈萨克斯坦等地爆发的语言冲突为例，对语言冲突的概念、语言冲突的类型、导致语言冲突的基本条件与根本原因进行了梳理与讨论，认为语言冲突作为社会冲突的一种类型，具有普遍性与客观性的特点。语言冲突是一把双刃剑，除了对社会起到外显的消极作用以外，还对新语言制度的产生、多语言文化的保持与发展、改善民族关系等方面具有一定的积极作用。周庆生（2010）通过对印度的历史与语言政策进行梳理，认为印度不断变化的语言政策与其文化渊源、国家分裂密切相关。不当的语言政策导致本国内部出现较为激烈的语言冲突，直至1967年印度政府颁发具有妥协性质的《三语方案》，印度的语言生活才逐渐恢复平静。李丹（2015）对社会冲突、语言冲突的相关理论进行了梳理，并以语言冲突为线索对南非、尼日利亚、坦桑尼亚的语言教育政策给予剖析。研究认为，非洲国家的语言冲突是多重因素共同影响的结果，也是全球语言系统局部运作的缩影。后殖民时期，非洲的语言冲突问题可从国家语言规划、自我选择、语言干预、赋予本土语言权力等途径予以缓解。

第四节　研究缺口

本章以"学习生活"、"外语学习焦虑"及"语言冲突"三个概念为主线，对本书所涉及的核心概念予以界定，并围绕核心概念进行了相关文献的梳理。文献梳理后发现，目前国内外对"学习生活"、"外语学习焦虑"及"语言冲突"的研究呈现以下特点：

首先，对"学习生活"这一话题较为感兴趣的多为我国教育学界，其研究成果大致分为两类。第一类是对学习生活的宏观研究，相关研究普遍通过文献梳理的方法，分析学习生活的重要性，并为教学实践提出相应的整改建议。第二类是对学习生活的调查研究。此类研究多通过问卷调查的方法，对目标研究对象的学习生活质量、学习生活满意度进行调查，所涉及的研究对象涵盖了中小学生、本科生、硕士研究生等。但从整体来看，目前与学习生活相关的研究视角仍相对单一：不论是以思辨为主的理论研究，还是通过发放问卷进行的调查研究，均是"自上而下"地就学习生活的重要性进行调查或讨论，而对学生在学习生活中遇到的某一现实问题，尤其是针对学习生活体验更加多元化的我国少数民族群体观照不足。

其次，外语学习焦虑现象已受到语言学、心理学、教育学界的关注，所涉及的研究对象囊括了成年人、中小学生、本科生、硕士研究生等多类人群。但从研究方法来看，几乎所有领域的外语学习焦虑研究都以量化手段为主，多通过"外语课堂焦虑量表"或问卷调查，将外语学习焦虑与学生的英语学习成绩、听、说、读、写能力等建立联系，进行相关性分析。将外语学习焦虑视为个体在学习生活中的心理体验，采用质性方法分析外语学习者心理与外部环境之间的互动关系的研究成果较少。

最后，有关"语言冲突"的研究经历了一个从理论到实践的发展过程。目前，国内外学者已关注到欧美、亚洲、非洲等多个国家和地区的语言冲突问题，相关研究多通过将语言冲突与当地多语社区的历史、文化、教育、宗教等因素相结合，探讨多语、多元文化地区的语言政策制定及实施问题。我国的语言冲突问题多发生于边境地区或多语、多民族地区，相关研究通过我国多元文化地区的民族文化优势，从语言使用、语言教育层面进行宏观探讨。而以语言冲突为线索，对多语、多元文化地区少数民族学生的学习心理问题进行的微观研究观照不足。

本书认为，人是社会的产物，其心理发展受家庭、学校、社会等自然与社会环境等多方面影响，因而在研究"外语学习焦虑"这一心理现象时，即可基于个体自身的心理系统进行研究，也可将心理系统置于个体与个体、个体与群体、个体与环境之间的关系中展开讨论。J. Dewey（1981）提出"教育即生活"，学生的学习过程不仅局限于课堂、学校当中，家庭、社会等周围环境往往对学习起到至关重要的作用，因而学生在学习生活中产生的外语学习焦虑问题可从学校、社区、家庭、文化氛围等多方面进行考量。

本书将东乡族本科生的英语学习焦虑视为个体在其学习生活中，内部心理环境的一种表现方式。学习生活既包括学习者周围的外部环境，如学校环境、社区环境、家庭环境等，也包括学习者个人的内部环境，如心理环境。在此视角下，东乡族英语学习者的焦虑情绪可从其周围的外部环境因素入手，挖掘学习生活内、外部环境之间的互动关系，从而剖析目标群体产生英语学习焦虑的原因。

目前，以学习生活为课题的相关研究多通过量化手段展开调查。采用量化方法进行科学研究的优势在于发现两个或多个变量之间的关系，目前的相关研究也是基于量化研究方法的优势，"自上而下"对某一群体的学习生活满意度进行调查，从而得出普遍意义上的结论，但对学生在学习生活中遇到的某一现实问题而开展的针对性调查成果较少。本书认为，学习生活是以有血有肉、拥有情感而存在于社会中的个体——人为中心的，而人与人之间的区别就在于自身的"生成性"、"不确定性"和"矛盾性"（李森、王牧华、张家军，2011）。随着科学技术的不断进步，理性、技术思维膨胀，这种思维模式过于依赖客观数据，更倾向于将现实中的同类事物抽象化、规律化。正如 Erich Fromm（1988）所说："我们认识事物一般有两种方式：抽象和具体。在当代西方文化中，这种两极倾向几乎完全让位给了单一的人对物的抽象倾向，而忽视了关系的具体性和独特性"。

　　基于"人"的个体差异性与独特性哲学理据，本书在方法论上采用质性研究方法为主、量化研究方法作为辅助的思路。首先，研究通过"外语课堂焦虑量表"对目标研究群体进行测试，考察目标群体的英语学习焦虑水平现状，并根据测试结果，最终筛选出三位英语焦虑水平较高的被试作为个案研究对象。随后，研究者以英语学习焦虑为线索，分别对三位研究对象进行个案追踪调查。

　　长期以来，以理论为导向的应用语言学多采用"自上（理论）而下（实践）"的研究范式，将语言学理论单向应用于实践，形成了研究范式的"单行道"（沈骑，2012）。在"大科学"时代，学科交叉倾向日益明显，研究问题日趋复杂，跨学科、甚至超学科研究范式已是大势所趋。本书聚焦于东乡族本科生在学习生活中产生的英语学习焦虑问题，采用质性为主、量化为辅的研究方法，将目标群体的英语学习焦虑与其在学习生活中面对的语言冲突建立联系，"自下而上"地探讨如何使东乡族学生群体在心理健康的前提下，充分利用自身的民族文化优势实现专业发展。

第三章 理论框架与研究思路

通过对"学习生活"、"外语学习焦虑"、"语言冲突"等相关文献进行梳理，总结其研究特点与发展空间，本书以现象哲学（E. Husserl, 1992）与心理场论（K. Lewin, 1935）为理论基础，将东乡族本科生的英语学习焦虑与其外部学习生活环境中所面对的语言冲突之间建立联系，在社会文化视角下对目标群体的学习生活进行剖析，挖掘其产生英语学习焦虑的原因。

第一节 现象哲学

"现象学"（Phenomenology）一词最早出现于 Immanuel Kant 的哲学思想当中，随后，德国哲学家 E. Husserl 在其代表作《逻辑研究》（1900）一书中，对"现象学"进行深入讨论，使"现象学"成为真正的哲学思潮席卷世界。

一 现象学的分类

一般来说，"现象学"可分为广义的现象学与狭义的现象学。狭义的现象学即 Husserl 的现象哲学观，他提出（Husserl, 1992），

"无论是在纯粹直观中可被把握的东西,还是作属于被还原的体验的东西;不论是作为真实的组成部分,还是其意向的相关物,均属于现象学的研究范围"。现象学包括一切"关于世界本质"的知识,借助这些知识,现象学可解答"任何所考察的知识与科学之可能性"这一根本问题。Husserl 现象哲学观认为,世界是关于"可能经验"与"经验性认识的对象"的总和,是"那些关于根据实际经验在正确理论思维中可认识的对象的总和"。"经验直观"作为进行直观的意识,它使此对象成为所有物;作为知觉,它使其成为"原初所与物",成为原初的、在其机体的自性中把握此对象的意识。由此,一切科学必须从经验出发,必须使其间接认识基于直接经验。H. Spiegelberg(1995)将 Husserl 现象哲学观描述为"一种排除成见,对显现的现象做直观认识,体验其内在的本质结构的方法或精神。"

  关于认识世界的方法论,Husserl(1992)认为首先应排除否定:我们既不能像一个诡辩论者似的否定这个世界,也不能像一个怀疑论者似的怀疑它的真实存在性,而应使用现象学的"悬置",因为"悬置"的优势在于可以使观察者完全隔绝于任何"关于时空事实性存在"的判断。其次,在观察世界的过程中,我们不仅仅是感性的、经验的看,而是作为"任何一种原初基于的意识的、一般的看"。只有充分明晰地看一个物体,在此观察过程中实际把握事物的本质并进行概念的理解与忠实的表达,对事物的把握才具有合法性。最后,我们应从自然生活中的、人的角度去思考,以自然的态度去想象、去判断、去感觉、去意愿,通过看、摸、听等不同的感官知觉方式从直观上体验世界。体验的本质不仅意味着体验是意识,而且是"对什么"的事实。广义的体验不仅包括意向体验,同时也涵盖了在这一体验流和诸多具体部分中可能出现的任何东西。

继 Husserl 之后，Martin Heidegger、Max Scheler、Roman Ingarden、Jean-Paul Sartre、Merleau-Ponty 等哲学家继续从事现象学研究，使现象学思潮逐渐由欧洲大陆传播至世界各地。一般认为，由上述现象哲学家发起的、贯穿于整个 20 世纪的 "现象学运动" 即为广义的现象学，其中包括 "先验现象学"（E. Husserl）、"本体论的现象学"（M. Heidegger）、"本质的现象学"（M. Scheler）、"解释学的现象学"（H. Gadamer）等。广义的现象学认识论可概括为以下几个特点（程从柱、吴秋芬、周采，2013）：认识的途径应是直观经验，即是通过直观观察把握到的现象；认识事物应以 "回到事物的本身" 为原则；本质并不独立于现象之外，而是通过现象还原或显现的；注重考查个别现象，通过对个别现象的直观描述，获得一般规律或整体认识。

二　现象学的研究特点

在产生之初，现象学更多地被视为哲学领域的一种认识论，但随着研究的逐步深入，现象学开始运用到社会学、医学、心理学、教育学等多个领域的研究实践当中，形成了其特有的方法论：

（一）关注研究对象的 "生活世界"

现象学认为，认识产生的途径是个体对现象的直观体验，当个体注意到某个物体或某类事物时，即会产生对外部事物的 "原始直觉"。"原始直觉" 是人类对目标事物的最初体验，这些体验与人类的日常 "生活世界" 密切相关。"生活世界" 由个体在日常生活场景中的知觉、反应等构成，个体经验中丰富的有意义元素均保留在其 "生活世界" 当中。因此，现象学强调在研究过程中，应从目标研究对象日常的场景入手，挖掘其 "生活世界" 体验。

（二）研究过程 "回到事物本身"

Husserl（1992）指出，现象学应对事物进行直接把握，关注个体对事物的"原始直觉",即所谓的"本质还原法"思维态度。"本质还原法"提倡研究者在观察事物与认识事物的过程中,尽可能不对事物持有偏见,研究者应直观地追求外部事物在赋予意义之前的最初直觉(黄广芳,2011)。

(三) 描述与解释

现象学自 Husserl 创立以来,经过 Martin Heidegger、Max Scheler、Roman Ingarden、Jean-Paul Sartre 等哲学家的继续延伸与发展,逐渐形成多个学派,如先验现象学、本质的现象学、解释学的现象学等,众多学派后又汇成两大类,即描述性现象学与解释性现象学。

描述性现象学(E. Husserl)认为个体在日常生活中所观察到、体验到的信息对其的基本行为具有重要影响,因此研究过程中主观信息的中立性尤为关键。在研究过程中,研究者可使用加括号的方法,尽量摒弃自身对观察对象先入为主的心态或偏见,尽可能地以开放、客观的态度对研究对象进行单纯地"描述",从而达到揭示研究对象的基本结构、理解其本质的目的。

解释性现象学(M. Heidegger)则超越了对事物概念与本质的纯粹描述,认为人类的经验与经验意义是现象学的主要关注点,现象学研究者应强调人类生活的"情境性"(Walters, 1995),将人类的经验置于相应的环境中进行理解,从而追求隐藏在一般实践中的现实意义(Lopez & Willis, 2004)。解释性现象学并不认同 Husserl 的加括号理念,认为人类在探索事物的过程中,所关注的对象不可能是完全陌生的,研究者对研究对象的先前经验是解释事物本质的关键所在。Heidegger 现象学理念更加关注人类经验,倾向于通过反思与写作的方法,调查研究对象的生活经历及其周围的环境,最终达到解释事物本质的目的。

从本质上来讲,现象学研究是描述性与归纳性的(黄广芳,

2011），现象学研究的主要目的是"理解具有某种经历的人的主观体验，挖掘这种认知观对个体的生活经历所产生的影响及其意义"（Salada & Adorno，2002）。因此，不论是描述性现象学还是解释性现象学，其研究的主要关注点均在于描述与理解研究对象的日常生活经历，从而对个体或群体如何经历事物及其产生的意义进行概述和解释（Daly，2007）。

三 教育现象学

作为20世纪西方的重要哲学思潮之一，现象学不仅在哲学界具有强大的影响力，而且其思想逐渐渗透于教育学、心理学、社会学、经济学等多个领域。在欧洲，最早将现象学思想引入到教育学领域的国家是德国。20世纪初，海德堡大学校长E. Krieck开始尝试采用现象学的本质分析法研究教育问题。随后，M. Langeveld等在荷兰乌特勒支大学（Utrecht）创立教育现象学，使教育现象学（又称现象学教育学）在欧洲大陆生根发芽。20世纪70年代，加拿大阿尔伯塔大学（University of Alberta）教育学院开设教育现象学研究中心，为北美的教育现象学研究奠定了基础。20世纪80年代，该校M. Van Manen教授创办《现象学+教育学》期刊，专门对现象学与教育学之间的接口问题进行研究。

关于现象学与教育学之间的关系问题，M. Van Manen（2003）认为，现象学所强调的直观感受可与教育学形成天然的联系：现象学当中的"现象"包含了人类在教育生活中所体验到的具体"情境"。在此"情境"中，交互主体产生出的具有教育意义的行为或思维，即为"教育现象"。教育的本质在于教育者与受教育者之间的生活方式，教育者与受教育者对生活、环境等方面的直接体验是教育现象学探寻的基础与落脚点（李树英、王萍，2009）。因此，个体的教育问题应根植于生活世界，教育现象学（或现象学教育学）所侧重的主要议题是"教育现象"，相关研究更加关注个体在教育过程中所体验的生活意义与教育意义。

教育现象学研究一般具有以下几个特点（M. Van Manen，1996）：强调以教育参与者的生活经验作为研究的探寻起点与基础，聚焦于教育实践中所产生的实际问题，而非认识论、本体论等抽象问题；研究过程更侧重于体现人文性，而非社会科学所强调的绝对中立化；对教育生活当中的直观经验进行反思，获取事物所隐含的本真意义。王玉翔（2016）对教育现象学的研究特点做出如下概括："教育现象学的主要聚焦点在于教育者与受教育者之间的各类生活体验。教育现象学研究多以反思为基础，通过深度访谈、深描等方法，将教育问题与参与教育者的生活经验建立联系，以揭示生活体验对个人发展的教育学意义。"

第二节　心理场论

"场"的概念起初源于物理学界。Albert Einstein 将"场"定义为"是相互依存事实的整体"（J. Schellenberg，1978）。一战期间，作为德国的随军心理专家，社会心理学派代表人物 K. Lewin 发表《战争景观》一文，对战争期间人们所承受的心理压力及其社会行为动机作出分析，形成"生活空间"、"心理张力系统"和"场论"三大概念的雏形，将"场"的概念由物理学界引入到心理学界。战争结束后，K. Lewin 返回柏林大学任教，在与其学生 B. Zeigarnik 的实验中发现"齐加尼克效应"（Zeigarnik effect）。实验中，K. Lewin 与 B. Zeigarnik 安排被试完成若干项任务，其中包括抄写文字、解答数学题等。当被试还在完成一项任务时，即被实验者中断并安排进行下一项任务。实验结果发现，随后被试能够做出回忆的绝大多数是那些曾经被中止、未能继续完成的任务。类似的实验进行了多次，均出现了相似的结果。K. Lewin（1935）将研究结果解释为，被试在接受某项任务时，往往会在心里产生一种紧张的状态。而随着任务的顺利完成，心里的紧张状态也随之消失。而那些未完成的任务会使被试持续处于紧张的状态，其记忆的激励效应也继续保持。由此，K. Lewin（1935）认为，人类在接受任务时所产生的心理紧张系统、积极性的调动以及激励状态等，均是由自身与其周围环境相互作用而产生的。基于"生活空间"、"心理紧张系统"等重要概念，K. Lewin（1935）提出"心理场论"（Psychological field theory）。

"心理场论"认为，人类产生的任何行为均源于各种相互依存、相互影响的事物整体，其中包括人类自身与其所处的各种心理环境。个体与其周围的环境可视为心理场，心理场对于个体的行为表现具有极其重要的影响。所谓的"心理场"，也可理解为个体的生活空间（熊娇，2016），包含了个体与其所处的社会环境（如个体与个体之间、个体与环境之间的相互关系等）和个体所处的生理环境（如个人的需求、做出某行为的目的、完成目标过程中所产生的障碍等）。赵恒泰（1997）将生活空间（亦称心理生活空间）定义为："影响个体心理行为的一切事实，其中既包括生活中的过去、现在和未来的一切事件，也包括个体所经历的一切经验或思想、愿望。"

K. Lewin（1935）认为，个体与其所处的心理环境是相互依存的变量，其关系可用函数 $B = f(PE) = f(LS)$ 来表示。其中，B（behavior）表示个体的内部行为（心理行为）和外部行为（外显行为）；P（person）代表个人因素；E（environment）表示环境因素，包括对个体内、外部行为产生影响的全部环境因素；f表示函数关系，即个体内、外部行为会随着其感知到的环境变化而发生改变；LS（life space）则表示个体的生活空间，Lewin 将其视为理解与预测个体内、外部行为的重要途径。郭子仪（1995）将 Lewin 的心理——行为函数式理解为："个体的行为随着自身与其所感受到的环境之变化而变化。不同的个体面对相同的环境可能会产生不同的心理行为；同一个体面对不同的环境亦可能产生不同的心理行为；不同的个体面对不同的环境则必将产生不同的心理行为"。

总体来看，人的心理生活空间由外部未感知到的环境、人可感知到的心理环境、以及个体自身三大部分组成（Lewin，1951）。心理生活空间的内、外部结构关系可见图 3-1（改编自李春梅，2015）。

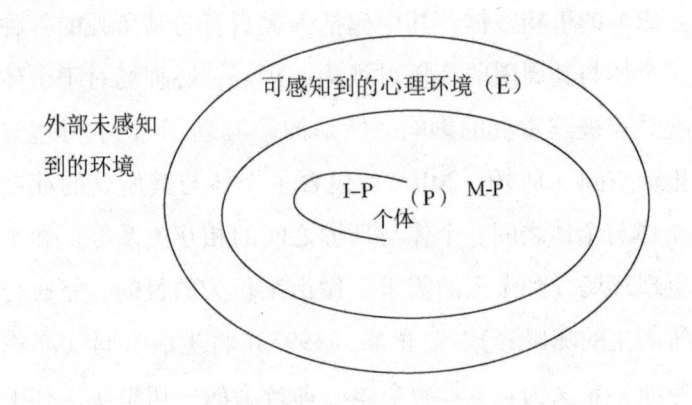

图 3-1 心理生活空间内、外部结构关系图

如图 3-1 所示，在人的心理生活空间中，个体自身居于生活空间的内部，其中包括内部-人格层（I-P, Inner-personal）与运动-知觉层（M-P, Motor-perceptual）两部分。内部-人格层（I-P）是个体大脑内部的人格区域，个体内部深层次的情感、需求、意志等主要来源于该区域；运动-知觉层（M-P）处于内部-人格层与可感知到的心理环境（E）之间，同时受到 I-P 与 E 的影响，

是个体相对表层的、外显的运动器官系统，其作用在于接收外界的环境信息、表达个体内部的信息；个体能够感知到的心理环境由 E 表示，该区域能够直接对个体的内、外部行为产生影响；更加外围的环境则属于个体不能够直接感知到的环境。需要注意的是，"外部未感知到的环境"虽不能够被个体直接感知，但仍然会对个体的行为产生影响。例如，对于社会中的各项规章制度、道德习俗等，个体虽不能够直接感受到其影响作用，但上述规则、习俗等却实实在在地影响着个体的行为。

通过对心理生活空间的内、外部结构进行分析即可发现，个体行为发生改变的过程可理解为个体对其周围环境的认知效应。由此 Lewin（1951）认为，个体的心理行为研究不应仅仅局限于对个体自身的生理特征或物理环境进行探究，而应关注个体自身的内部因素、个体与环境之间的相互作用等因素，从个体的社会属性、个体周围的生活环境等方面入手进行多维度分析。

第三节 研究思路

现象学、教育现象学视域下的教育实践强调，将教育问题与教育参与者的生活经验建立联系、以教育参与者的生活体验作为研究的探寻起点与基础，揭示生活体验对个人发展的教育学意义。基于现象学哲学理念，本书以东乡族本科生在英语学习中产生的焦虑体验为切入点，"自下而上"地对目标群体的内、外部学习生活进行剖析，以探究目标群体产生英语学习焦虑的原因，尝试提出针对性的调节措施。

东乡族是我国甘肃省特有的少数民族之一，全民信仰伊斯兰教。受当地经济、交通、师资水平、民族传统文化等各方面因素所限，东乡族基础教育薄弱，各项教育指标长期处于各民族之末（曹建华、陈其斌，2011）。大部分东乡族儿童在接受初等教育之前没有机会接受学前教育，从小通过家庭教育的方式学习、使用东乡语，直至正规教育阶段（小学阶段）才开始接触、学习汉语。然而，东乡族本族的教师、尤其是英语教师严重匮乏，聚居区内绝大多数英语教师均为汉族人，并不懂得东乡语。这导致东乡族学生在其英语课堂学习中，需要借助自己并不熟练的汉语来掌握英语，学习过程中"费时低效"的现象尤为突出。基础教育阶段薄弱的英语能力又间接导致东乡族学生在进入高校后英语学习压力倍增：面对身边英语水平较高的汉族同学、大学英语四六级考试的硬性成绩要求、大量与专业课相关的英文文献，东乡族本科生在高校的英语学习过程中表现出较明显的焦虑情绪。

K. Lewin（1935）心理场论认为，个体产生的任何行为（如心理行为）均源于各种相互依存、相互影响的事物整体，包括个体自身与其所处的周围环境。个体行为发生改变的过程可理解为个体对其周围环境的认知效应。因此，心理行为研究不应仅仅局限于对个体自身的生理特征或物理环境进行探究，而应关注个体自身的内部因素、个体与环境之间的相互作用等因素，从个体的社会属性、个体周围的生活环境等方面入手进行多维度分析。基于 K. Lewin 的心理场理论，东乡族本科生在学习英语过程中产生的焦虑体验可从目标研究群体周围的外部环境因素入手，挖掘其学习生活内、外部环境之间的互动关系，进而剖析目标研究群体产生英语学习焦虑的原因。

学习生活既包括学习者周围的外部环境，如学校环境、社区环境、家庭环境等，也包括学习者个人的内部环境，如心理环境。东乡族本科生的外部生活环境当中，有两种外语存在着潜在的相互竞争关系：英语与阿拉伯语。一方面，从学校层面来看，东乡族本科生的在校学习生活环境当中，英语毫无疑问占据着十分重要的地位：不论是大学英语课程设置、大学英语四六级考试，还是专业英语（ESP）课程、专业课外文文献阅读，高校教育体系当中所谓的"外语"教育，在很大程度上就是指英语教育。另一方面，从社区、家庭层面来讲，阿拉伯语在东乡族的日常生活当中占据着一定的地位。

阿拉伯语对东乡族群体的影响力主要体现在语言本体、民族文化习俗两个方面：首先，东乡族的母语为东乡语，属阿尔泰语系蒙古语族，该语言的基本语序是主语—宾语—谓语，是一种仅存在口语而无文字的语言（《语言学百科词典》，1993）。东乡语词汇中的混种词较多，包括汉语、阿拉伯语、东乡语、突厥语、波斯语五种（金双龙，2013）。有研究认为（徐丹、文少卿、谢小东，2012），东乡语当中的阿拉伯语、波斯语以及突厥语并非借词，而是其先民底层语言的反映。由此可见，承载着大量民俗传统文化的东乡语，在东乡族的日常生活当中占据绝对主导地位，其语言本身与阿拉伯语之间存在着天然的交集。其次，东乡族全民信仰伊斯兰教，前往当地清真寺"诵经"是东乡族最重要的宗教活动之一。在寒、暑假期，部分在读东乡族本科生对"诵经"的参与度也极高。罗莉（2015）通过实证调研发现，面对东乡族学生的英语学习困难情况，部分家长已对孩子的英语学习失去了信心："花费如此大的精力去学习英语，倒不如多学学阿拉伯语"，因为"不学阿语、不做礼拜，就不会做人"。由此可见，非正式教育当中占据主导地位的阿拉伯语更加契合当地族群的传统文化诉求，在东乡族的民族文化习俗中占据一定的影响力。

语言竞争是广义语言冲突的一种表现形式。那么，东乡族本科生在其外部学习环境中所面对的语言冲突，与其个体内部的英语学习焦虑心理之间是否存在一定的互动关系？语言冲突极少源于单纯的语言、文字问题，其背后往往隐藏着经济、宗教、文化等更深层次的冲突源（李丹，2015）。那么，在东乡族本科生在学习生活环境外部（学校、社区、家庭）所显现的语言冲突，有哪些更深层次的诱发因素？如何利用语言冲突的正向功能，从外语教育规划层面对这些诱发因素做出针对性的调节？据此，本书以东乡族本科生的英语学习焦虑为切入点，对目标群体的学习生活展开全面调查，研究思路如图3-2所示。

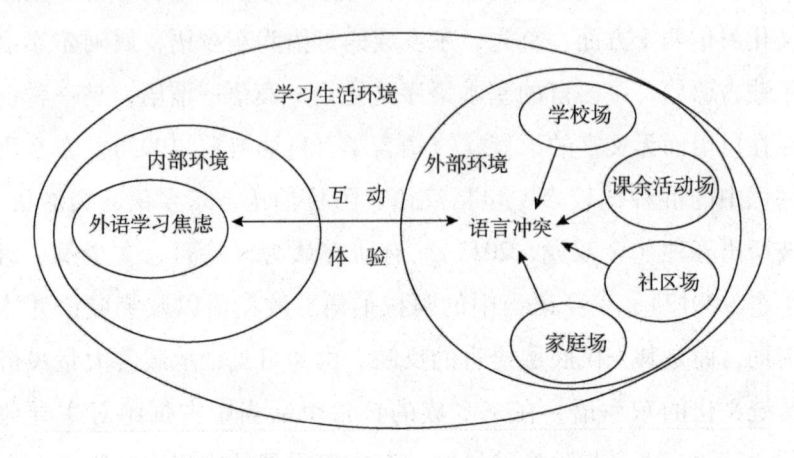

图3-2 东乡族本科生学习生活的分析框架

为回答研究问题（1）"我国东乡族本科生的英语学习焦虑现状如何"，研究者采用"外语课堂焦虑量表"对兰州大学、西北师范大学、兰州交通大学、兰州理工大学、甘肃农业大学、西北民族大学、甘肃政法学院七所甘肃省主要高校的东乡族大学一年级、二年级本科生施测，通过SPSS软件将所得数据进行统计，分析不同年级、不同性别被试的英语学习焦虑水平有何差异、呈现什么特点，并将测试结果与同年级汉族本科生的英语学习焦虑水平进行对比分析。

为回答研究问题（2）"目标群体的英语学习焦虑现象有哪些诱发因素？上述因素与其在学习生活中所面对的语言冲突有何联

系",研究者根据"英语学习焦虑量表"的测试结果,并结合研究对象的个人因素,筛选出英语学习焦虑水平较高、且愿意配合研究者进行个案研究的被试三名。研究者从学校、社区、家庭、课余生活四个方面入手,分别对三位研究对象的学习生活进行个案调查,挖掘研究对象产生英语学习焦虑现象的原因。

  为回答研究问题(3)"如何从外语教育规划层面调适目标群体的英语学习焦虑现象",研究者结合上述三名研究对象的个案研究结果,将研究对象的英语学习焦虑现象与语言冲突之间建立联系,进而从外语教育规划层面提出针对性的调节措施。

第四章 研究设计

通过对相关文献及理论的梳理、形成初步研究框架，本章节着重从研究方法、研究对象的选择、研究者个人因素、研究过程、研究的信效度及伦理几个方面入手，对本书的基本思路做进一步阐释。

第一节 研究方法

本书以东乡族本科生的英语学习焦虑为切入点，采用质性研究与量化研究相结合的方法，对兰州大学、西北师范大学、兰州交通大学、兰州理工大学、甘肃农业大学、西北民族大学、甘肃政法学院七所甘肃省主要高校的东乡族大学一年级、二年级本科生施测，并根据测试结果选取3名被试，围绕其学习生活中所面对的外语学习焦虑问题进行个案研究。研究过程主要包括两种方法：英语学习焦虑测试与个案研究。

一 英语学习焦虑测试

为回答研究问题（1）"我国东乡族本科生的英语学习焦虑现

状如何",研究者采用"外语课堂焦虑量表"(见附件一)对目标研究群体施测,并运用 SPSS 软件对测试结果进行量化统计与分析。

"外语课堂焦虑量表"(Foreign Language Classroom Anxiety Scale,FLCAS)由 Horwitz、Cope 等人于 1986 年编制,通过"交际畏惧"、"消极评价恐惧"及"考试焦虑"三个维度对被试的外语学习焦虑水平进行测试。该量表共由 33 道题目组成,每道题目均设五个选项,采用 Likert 五级量表的形式对 A、B、C、D、E 五个选项赋分。为降低测试者答题的倾向性,量表中的 24 道题目采用正向赋分,即对 A 选项"非常不同意"、B 选项"不同意"、C 选项"不确定"、D 选项"同意"、E 选项"非常同意"分别赋 1、2、3、4、5 分;其余的 9 道题目采用反向赋分(如附录一"外语课堂焦虑量表"第 2、5、8、11、14、18、22、28、32 题),即 A、B、C、D、E 五个选项分别赋 5、4、3、2、1 分。测试过程要求被试根据自己在英语课堂上的主观感受,如实答题即可。测试结束后,将量表中 33 道题目的总得分相加,即为目标测试对象的外语学习焦虑指数。"外语课堂焦虑量表"的得分为 33 分至 165 分之间,被试的得分越高,表示其外语学习焦虑水平越高。该量表自问世以来,经 Horwitz 等人的一系列信、效度测试(如 Horwitz,1986、Horwitz & Young,1991 等),目前已广泛运用于教育学、心理学、语言学等领域的研究当中,是测量外语学习焦虑的最普遍工具。因此,本研究采用"外语课堂焦虑量表"作为测试工具来了解目标研究群体的英语学习焦虑水平,具有一定的信度与效度。

二 个案研究

为回答研究问题(2)"目标群体的英语学习焦虑现象有哪些诱发因素?上述因素与其在学习生活中所面对的语言冲突有何联系"、研究问题(3)"如何从外语教育规划层面调适目标群体的英语学习焦虑现象"，本书根据"外语课堂焦虑量表"的测试结果，筛选出三位英语学习焦虑水平较高，且愿意配合后续研究的被试三名，作为本书的个案研究对象。研究者以现象哲学与心理场论为基础，认为目标群体的英语学习焦虑可从其日常的"生活世界"入手，以"本质还原法"的思维态度对其学习生活环境进行描述与解析，从而挖掘研究对象产生英语学习焦虑的原因并提出调节措施。根据上述研究目的与视角，研究者决定采用个案研究方法，在尽可能自然的情境下，对目标群体的学习生活环境进行剖析。

个案研究（Case Study）亦称案例研究或个案研究法，是一种围绕目标研究问题，对自然情境中的某一类现象、场景、事件、物体、文件等进行的深入实证研究（Merriam, 1988）。一般来讲，个案研究中的"个案"既可以是一个社区、一所学校，也可以是一个家庭、一个课堂、甚至一个人（陆宏钢、林展，2007），但其研究过程应在尽可能自然的情景下进行，所要研究的现象应与其产生的现实背景高度相关（Yin, 2003）。个案研究的优势在于对事物的真相、现象出现的原因等问题进行全面、深入地挖掘，并根据研究结果对上述问题给予针对性的解决方案，研究范式更加强调人文性与描述性，具备质性研究的特征。因此，个案研究更适合对难以重复、预测、控制的事件进行挖掘与解析，这要求研究者在研究过程中尽可能地接近研究对象与研究情境，并在相对自然的情境前提下对目标群体、环境中实际发生的现象进行全面、深入地剖析。

个案研究方法最早源于欧洲大陆。19世纪中期，法国社会学家Frederic Le Play对国内工人阶层的家庭状况调研被认为是个案研究的雏形。随后，英国社会人类学家Malinowski对特罗布恩群岛进行的民族志田野调查、法国乐普莱学派（Le Play School）对本国工人阶级生活境遇的进一步调研、以及美国芝加哥学派对当地移民与亚文化群体的社会调查，使得个案研究方法开始逐渐活跃于英国、欧洲以及美国的人类学、社会学领域。20世纪90年代以来，个案研究开始进入教育学界的视野，为教育学的研究范式带来新的转向。与强调验证的量化研究相比，教育学领域中的个案研究多以教育行动研究、教育民族志研究、教育叙事研究等形式出现，一般具有以下四个特点（陆宏钢、林展，2007）：（1）个案研究的聚焦点在于具体实例或现象，如某项教育政策、课程实施、教育事件、教育过程中产生的问题等；（2）研究者应尽可能地深入到研究个案当中，对个案进行大量、深入的资料收集与分析；（3）研究目标应是在自然情境中产生的现象或问题；（4）研究者在观察现象的过程中应保持中立，不受研究对象的影响。

个案研究一般可分为三类（李长吉、金丹萍，2011）：根据研究的目的，个案研究可分为描述型、解释型以及探索型个案研究；根据研究的特性，个案研究也可分为本质性（intrinsic）、工具性（instrumental）以及集合性（collective）个案研究；根据研究方法，个案研究又可分为理论探求与验证、故事讲述与图画描述、评价性个案研究。近年来，个案研究结合阐释学、批判理论以及人类学的参与式观察方法，研究对象已由原本的"个案"扩大至"一般常态"（潘苏东、白芸，2002），不同类别下的个案研究并非相互独立，某项研究既可以是探索型的，同时也可以是理论探求与验证性的。多数情况下，研究者会采用多种个案研究相结合的方法实现优势互补，而很少单独采用某一种个案研究（李长吉、金丹萍，2011）。

第二节 研究对象

本书的研究对象总体可分为两类，即定量研究中的研究对象与个案研究中的研究对象。首先，研究者采用"外语课堂焦虑量表"对目标研究群体施测，并运用SPSS软件对测试结果进行统计与分析，获取目标研究群体的英语学习焦虑现状及其所呈现的特点，回答研究问题（1）"我国东乡族本科生的英语学习焦虑现状如何"。其次，为剖析目标研究群体产生英语学习焦虑的原因并提出调节措施，研究者根据"外语课堂焦虑量表"测试结果，筛选出英语焦虑水平较高、且愿意配合后续调查工作的被试三名，以目标群体所面对的英语学习焦虑为线索，分别对其学习生活展开个案研究，从而回答研究问题（2）"目标群体的英语学习焦虑现象有哪些诱发因素？上述因素与其在学习生活中所面对的语言冲突有何联系"与研究问题（3）"如何从外语教育规划层面调适目标群体的英语学习焦虑现象"。

一 定量研究中的研究对象

针对我国东乡族本科生英语基础薄弱、英语学习焦虑较明显的现实问题，研究者选取东乡族本科生作为定量研究中的被试。东乡族是我国"一带一路"中心线——甘肃省特有的少数民族之一。据2010年全国第六次人口普查，东乡族人口总数约六十多万，其中绝大多数分布于甘肃省临夏回族自治州东乡族自治县。由于当地基础教育落后，东乡族学生大多通过少数民族优惠政策，以较低的"高考"分数考入甘肃省内各高校，接受高等教育。因此，研究者根据大部分东乡族本科生的就读地域，选择兰州大学、西北师范大学、兰州交通大学、兰州理工大学、甘肃农业大学、西北民族大学、甘肃政法学院七所甘肃省主要高校作为资料收集单位。考虑到绝大多数高校的《大学英语》课程仅在大学一年级与大学二年级开设，研究者最终确定对上述七所高校的大学一年级、二年级东乡族本科生施测，并相应地选择一定数量的汉族被试作为参照组,分析不同年级、不同性别东乡族本科生的英语学习焦虑水平有何差异、呈现什么特点,同年级东乡族与汉族本科生的英语学习焦虑水平是否存在差异。

基于以上因素的考虑,研究者共对上述七所高校发放"外语课堂焦虑量表"(见附件一)433 份,其中对东乡族本科生共发放 194 份(84 名男生、110 名女生),在东乡族被试的所在班级随机选取汉族被试若干名发放同一量表,共计发放 239 份(104 名男生、135 名女生)。研究对象的具体情况如表 4-1 所示。

表 4-1　　　　　　定量研究中的研究对象明细

	男生人数	女生人数	被试总数
东乡族大学一年级本科生	37	64	101
东乡族大学二年级本科生	47	46	93
汉族大学一年级本科生	53	68	121
汉族大学二年级本科生	51	67	118
被试总数	188	245	433

二　个案研究对象的选择

根据"外语课堂焦虑量表"的测试结果,研究者发现大学二年级东乡族本科生的英语学习焦虑水平显著高于大学一年级的东乡族本科生,且男生的焦虑水平高于女生(焦虑水平测试结果与分析详见第五章)。由此可见,本书所涉及的英语学习焦虑问题更多存在于大学二年级的东乡族本科生群体当中。一般认为(陈向明,2000),理想的个案研究对象应具备以下特征:在被研究的组织或群体当中生活了较长的时间;对该群体的内部生活具有较为深入的了解;对该群体的内部生活、文化具有一定的观察与反思能力;自己经历过或正在经历与研究问题相关的事件等。因此,为抽取到"能够提供最大信息量的研究对象"(Patton,1990),研究者选取了英语学习焦虑水平较高、且愿意配合后续调查工作的大学二年级东乡族本科生若干名。

　　根据"外语课堂焦虑量表"的评分标准，被试的外语焦虑水平通过量表的总得分来衡量："外语课堂焦虑量表"的总得分为33分至165分之间，得分越高，表示被试的外语学习焦虑水平越高。因此，研究者首先对大学二年级被试群体的量表总得分进行排序，划分"高焦虑组"与"低焦虑组"。关于如何区分高、低焦虑组，不同学者的划分标准不同。例如，柳春香（2007）运用"特质焦虑量表"对目标被试群体施测，界定焦虑量表得分的前10%为高特质焦虑组、后10%的被试则为低特质焦虑组；胡佳佳（2014）根据焦虑量表的测试结果，取正负一个标准差之外的被试分别为高、低焦虑组；雷婷（2015）将焦虑量表得分的前50%定为高焦虑组、后50%定为低特质焦虑组；更多学者则遵循统计学意义上的临界比（或称决断值）划分标准，将量表得分的前27%定为高焦虑组、后27%定为低焦虑组。本书采用统计学中的临界比划分标准，根据97名大学二年级东乡族被试（有效测试卷93份）的外语课堂焦虑指数，将总得分的前27%定为"高焦虑组"、后27%定为"低焦虑组"。其中，"高焦虑组"共25名被试，英语学习焦虑得分为133分以上。

　　随后，研究者根据"外语课堂焦虑量表"个人信息部分中的"家庭所在地"一栏，排除了"高焦虑组"中家庭居住地非甘肃省东乡族自治县的被试14名，一方面可在个案研究中选取到土生土长的东乡族自治县生源，从而针对东乡族自治县独有的多语、多元文化特点，对研究对象的学习生活进行较全面的调查；另一方面可遵循"同质性抽样原则"（陈向明，2000），在最后的跨个案对比分析中尽可能地使三位研究对象具有相似的教育、生活背景。通过对被试的家庭所在地进行进一步筛选，剩余11位目标研究对象的生源地均为甘肃省临夏回族自治州东乡族自治县。

陈向明（2000）提到，个案研究可视为一个形成性过程的产物，研究对象的抽样过程也应是动态变化着的，需要研究者循序渐进，在长期的观察中找到最适合的研究对象。当资料收集持续约一个月时，研究者通过被试所在班级的《大学英语》任课教师反映、研究者本人的课堂观察等途径，发现有6名被试的英语学习态度不端，经常出现请假、旷课或在英语课堂上玩手机、睡觉等不良行为，研究者很难对其完成正常、有规律的课堂观察环节；另有1名性格较为内向的女生发现，后续的个案研究持续时间较长、需要自己配合的访谈、家访环节过于繁琐，随即流露出欲退出研究的意愿，之后便与研究者的交流频率逐渐减少。根据"强度抽样原则"的要求（陈向明，2000），个案研究应尽量抽取具有较高信息密度与强度的对象进行持续观察。经与上述7名被试沟通协商后，研究者决定放弃这7名被试，将研究对象聚焦于其余4位被试，继续进行第二阶段的资料收集工作。

最后，在顺利完成整个资料收集过程、行将成文的时刻，研究者在上述4位研究对象中选择了三位数据相对丰富的被试（其中包括2名男生、1名女生），在本文中分别以化名学生L、学生J以及学生M出现，分别将其学校、社区、家庭、课余生活四个方面的调查资料进行整理，完成个案研究与跨个案对比分析。三位研究对象的个人基本信息见表4-2。

表4-2　　　　　　　　个案研究对象基本信息表

姓名	性别	年龄	就读学校	专业
学生J	男	20	西北师范大学	思想政治教育
学生L	男	19	西北民族大学	历史学
学生M	女	21	甘肃政法学院	社会工作

第三节　研究者个人因素

与自然科学相比，社会科学主要关注的是对"人"的研究（或是对包括人在内的社会现象的研究），在其研究过程中，认识的主体与客体均是有意识的（陈向明，2000）。社会科学中的质性研究强调通过研究者与目标研究群体之间的互动，从而达到对目标研究群体、研究现象的全面、深入理解。在此过程中，研究者个人所具备的主体意识，对研究设计、资料收集、研究结果等方面均会产生重要的影响，且研究者本人还须充当"研究工具"的角色，在质性研究中发挥关键作用。因此，有必要在阐述研究过程之前，对研究者的个人身份、个人倾向（陈向明，2000）进行概述。

一　研究者的个人身份

本书的研究者是一位具有英语专业学习背景的男性，今年33岁，籍贯甘肃，本科、硕士阶段均在我国西北地区就读语言学相关博士学位后，继续在我国西部地区任教。

攻读博士研究生以前，研究者曾在本书所涉及的某资料收集单位攻读硕士研究生，并在另一所资料收集单位具有两年的《大学英语》授课经历，授课的班级正是该校的少数民族预科班。这在很大程度上为研究的顺利开展提供了便利条件：从客观层面来讲，研究者对资料收集单位的地理环境、师生概况十分熟悉。在发放问卷、抽取个案研究对象的过程中，当目标研究群体得知研究者是本校的"局内人"时，均十分乐意协助调研。从主观层面来讲，研究者本人曾在甘肃省某高校的少数民族预科班有《大学英语》授课经验，对甘肃省内大部分少数民族学生的英语学习焦虑情绪有一定的了解，研究者本人具有较强烈的意愿通过考察目标群体的学习生活，真正地帮助目标群体缓解其在英语学习过程中所面临的实际困难。

　　研究者的甘肃籍贯使个案研究对象对研究者本人产生了较强的信任感。由于研究者的家乡与东乡族自治县仅相隔一百多公里，且研究者在日常生活、求学期间曾与东乡族同胞有一定程度的交集，对目标群体的文化、生活习俗较熟悉，因此研究者在初次进入现场、与研究对象展开对话的时候，双方并未出现太多的交往障碍或紧张气氛，能够在相对自然、轻松的氛围下展开话题。当遇到某些敏感、严肃的话题时，研究者甚至可以通过方言谈论与家乡有关的话题，降低研究对象的心理负荷，使谈话关系更加自然、顺畅。

　　研究者本人在个案研究中还须充当"研究工具"的角色，其内部心理结构与外部表征方式对研究具有十分重要的功能，其个性特点对研究的质量、课题选择等均具有一定的影响作用（陈向明，2000）。就个性特点而言，研究者自认为是一个热心、认真、好奇的人。首先，研究者本人是一位热心、乐于帮助他人的人。个案研究也是相互信任、相互帮助的过程，当目标群体在学习当中有任何困难、疑惑的时候，作为一位曾经的老师、一位"老乡"，研究者愿意提供力所能及的帮助，这使得研究者与研究对象之间更容易建立良好的信任关系；其次，研究者是一位做事认真的人。在对每一位研究对象进行追踪观察、沟通交流的时候，研究者均通过录音、做笔记等方式，尽可能地记录每一条信息，并在随后对不解之处做进一步询问，以期能够更加充分地了解某研究问题或现象；最后，研究者是一位充满好奇心的人。不论是在生活还是在学业当中，研究者总有一颗充满好奇的心。个案追踪过程中，当研究者对研究对象的行为习惯、面对事物的想法等产生好奇的时候，便及时进行针对性的沟通交流，使研究者能够更加全面、深入地了解研究对象的学习生活。

二 研究者的个人倾向

个案研究中，由于研究者自身所具备的主体意识难以消除，在实施调查的过程中，研究者往往会根据某研究所希望达到的目的而产生不同的研究倾向。例如（Glesne & Peshkin, 1992），持建构主义理念的研究者多将自己视为一名"学习者"，在收集资料的过程中像学生一样谦虚、认真地观察与倾听；推崇批判主义的研究者则往往将自己视为一名推动社会变革的"鼓动者"，其研究的终极目标在于揭露现象的不公正，唤醒目标群体的思想意识；遵循后实证主义思想的研究者则认为，现实是客观存在的，研究者就应该是"研究者"，实地调研的根本目标即是了解目标群体、现象、问题的真实情况，并根据调查结果对假设进行证伪。

在质性研究当中，研究者的个人经历对研究选题、研究的具体实施过程、甚至研究结果的分析等均会产生一定的影响。因此，研究者一方面要对自身的经历、思想倾向保持警惕，以防在研究过程中基于自身的经验对现象做出盲目判断，另一方面还可利用自己的经历、思想倾向，为研究的顺利开展提供便利条件（陈向明，2000）。如上文所述，由于研究者本人为甘肃籍生源，且在部分资料收集单位有求学、授课的经历，对调研地点的文化、风俗习惯相对较熟悉，对目标研究群体的学习生活、所面对的困难等具有一定的了解，这些优势虽可为个案研究的顺利开展提供相对便利的条件，但也易使研究者根据自身的经验对研究现象做出盲目判断。为"去糟取精"，本书依据现象哲学的思想理念，采用"加括号"的方法，在资料收集的过程中尽量摒弃自身对目标研究现象、研究群体先入为主的心态，尽可能地以开放、客观的态度对研究对象进行客观描述。基于以上因素，结合本书所要解决的具体研究问题，研究者在个案调查过程中遵循后实证主义的研究理念，以"研究者"的态度对目标研究群体、研究现象的真实情况进行了解，尽可能客观、不带感情色彩地获取到本研究所需的资料。

第四节　研究过程

本书的研究过程主要分为两大阶段，即定量研究阶段与个案研究阶段。定量研究的过程中，研究者采用英语学习焦虑测试的方法对目标研究群体施测，旨在了解目标研究群体的英语学习焦虑现状，并依据测试结果遴选出适合作为个案研究的研究对象若干名，为下一阶段的个案研究做准备。个案研究的过程中，研究者根据候选研究对象的性别、年龄、学习生活背景、合作意愿等因素，进一步选择三位个案研究对象，围绕研究对象的求学经历分别对其学习生活进行解读，剖析其产生英语学习焦虑的原因。

一　英语学习焦虑测试

在对相关文献进行整理、充分准备之后，研究者于2017年5月正式进入研究现场，对兰州大学、西北师范大学、兰州交通大学、兰州理工大学、甘肃农业大学、西北民族大学、甘肃政法学院七所甘肃省主要高校的东乡族大学一年级、二年级本科生予以英语学习焦虑测试。得益于研究者在部分资料收集单位的求学、授课经历，研究者并未在初入现场阶段受到太多阻碍。当研究者联系到上述七所高校的教务部门，请求他们为相关班级的学生发放测试量表时，教务部门更多地将研究者视为"局内人"，在认真听完研究者的答题要求之后，便欣然接受研究者的请求，迅速联系相关班级的任课教师，为本班学生发放"外语课堂焦虑量表"并安排作答时间。根据上述七所高校大学一、二年级东乡族本科生的就读人数，英语焦虑测试阶段共发放量表203份，回收有效量表194份（其中大学一年级101份、大学二年级93份），有效回收率95.6%。

二 焦虑现状分析

待"外语课堂焦虑量表"全部回收后，研究者根据该量表的测试结果，运用SPSS19统计软件，分别从"东乡族被试内部"、"东乡族与汉族被试之间"两个方面对测试结果进行独立样本T检验，分析不同年级、不同性别东乡族被试的英语学习焦虑水平有何差异、英语学习焦虑更多体现在哪些具体的维度；同年级东乡族被试与汉族被试的英语学习焦虑是否存在差异。统计结果显示，东乡族本科生的英语学习焦虑水平显著高于汉族本科生；大学二年级东乡族本科生的英语学习焦虑水平显著高于大学一年级东乡族本科生，且男生的焦虑水平高于女生；东乡族本科生的英语学习焦虑感多表现在"考试焦虑"与"交际畏惧"，而"消极评价恐惧"仅列末位（焦虑水平测试结果与分析详见第五章）。由此，研究者将个案研究的主要人群聚焦于大学二年级的东乡族本科生，结合候选研究对象的性别、年龄、生活经历、配合意愿等因素，最终遴选出三位个案研究对象（具体筛选过程见第四章第二节）。

三 个案数据收集

Lewin（1935）心理场论认为，个体心理行为发生改变的过程可理解为个体对其周围环境的认知效应，分析个体的心理行为可从其社会属性、周围的外部环境入手进行多维度分析。基于 K. Lewin 的心理场理论，研究者选择个案研究方法对东乡族本科生的学习生活进行剖析，通过分析其外部环境因素，挖掘目标研究群体产生英语学习焦虑的原因。

本研究的个案追踪调查部分于 2017 年 5 月拉开序幕，经个案研究对象选取、初步访谈、深入观察与访谈等环节，于 2017 年 11 月结束，共持续约 7 个月。在此过程中，针对研究问题，研究者采用访谈、观察、线上交流等方式，对与三位研究对象的学习生活环境相关的数据进行收集，具体的数据收集类型及内容如表 4-3 所示：

表 4-3　　　　　　　　个案的数据收集类型及明细

研究对象	访谈	观察	线上交流	其他资料
学生 L	累计访谈约 8 小时	1. 学校：课堂观察、自主学习观察（共约 14 小时） 2. 社区：语言景观调查 3. 家庭：家访活动 3 次 4. 课余活动：研究对象的周末、假期活动	微信 新浪微博 电话	英语课堂笔记 微信、微博感言 民俗、宗教相关资料
学生 J	累计访谈约 7 小时	1. 学校：课堂观察、自主学习观察（共约 15 小时） 2. 社区：语言景观调查 3. 家庭：家访活动 2 次 4. 课余活动：研究对象的周末、假期活动	微信 QQ 电话	英语课堂笔记 微信、QQ 感言 课后英语读本
学生 M	累计访谈约 8 小时	1. 学校：课堂观察、自主学习观察（共约 14 小时） 2. 社区：语言景观调查 3. 家庭：家访活动 2 次 4. 课余活动：研究对象的周末、假期活动	微信 新浪微博 电话	英语课堂笔记 课余英语学习笔记 微信、微博感言 民俗、宗教相关资料

（一）访谈

现象学式的访谈多以开放性、引导性的深度访谈形式出现，主要从"研究对象的背景信息"、"当前经历的主要过程及细节"、

"对当前经历的意义的反思"三个维度对受访者给予考察（黄广芳，2011）。针对本书的研究视角与研究问题，研究者采用现象学式的深度访谈作为主要的资料收集方式，从研究对象的教育及生活经历、对现阶段学习生活环境的体验、对现阶段学习生活的反思及意义三个方面入手，对目标研究群体的学习生活环境进行全面、深入的剖析。

在资料收集过程中，研究者首先通过第一阶段访谈，对研究对象的教育背景与生活经历进行一定的了解，并根据访谈录音与现场记录，明确每位研究对象的学习生活特点与困境，为下一阶段的针对性观察与交流做准备（访谈提纲见附录二）。在第二阶段访谈中，研究者结合观察、线上交流与文件收集的初步考察结果，向每一位研究对象提出若干"澄清性问题"或"探索性问题"，进一步聚焦触发研究对象产生英语学习焦虑的环境因素。第三阶段访谈主要针对研究对象在学习生活中面对的语言冲突展开，研究者结合之前所收集的各方面数据，剖析三位研究对象在学习生活中所面对的语言冲突与英语学习焦虑之间的互动关系。

（二）观察

根据学习生活场域的不同，研究者对三位研究对象进行的观察环节聚焦于四类场景：学校环境、社区环境、家庭环境及课余活动。

对三位研究对象的学校观察环节主要包括课堂观察与自主学习观察两个方面。首先，由于本书所选取的三位研究对象均是大学二年级本科生，其在校的正式英语学习过程主要通过《大学英语》课程完成，因此，研究者的首要观察场域便是三位研究对象的英语课堂学习环节。经与研究对象所在班级的授课教师协商后，研究者分别对三位研究对象进行了总计约 10 小时的课堂观察。由于《大学英语》课程的授课教师拒绝在其授课环节中被录像，研究者在课堂观察过程中采用观察笔记的方法，记录与分析三位研究对象在英语课堂中的学习效果、课堂参与度、口语水平等要素。其次，研究者在对研究对象的初步访谈中了解到，三位研究对象均有在学校自习室、图书馆自主学习英语的习惯，虽然具体的自习时间不定，但"只要时间允许，几乎每天都会去图书馆背背单词、做做练习题"。由此，在征得三位研究对象的同意后，研究者与每位研究对象约定时间，分别与他们同去学校自习室、图书馆"自习"，观察其在自主学习的过程中对英语的重视程度、阅读领域、学习策略等。

对研究对象的社区观察主要通过其家庭所在地周边的语言景观调查来实现。作为社会语言学、语言规划领域的研究新视角，"语言景观（linguistic landscape）"最早由 Landry 和 Bourhis（1997）提出，认为"公共路牌、商业标牌、街道名、地名、商铺招牌、政府标牌等可构成某一地区或城市的语言景观。语言景观是国家或地区民族语言活力（ethnolinguistic vitality）的外在表征，是该社区内部各语言活力水平的标志。"语言景观的核心研究对象是公共领域中带有语言文字的标牌，可揭示该地区的语言生态、文化习俗、语言使用状况等，是分析某城市或社区、尤其是双语/多语社区内部语言使用情况和特点的有效途径。Spolsky（2009）甚至认为，语言景观研究是探索和体现城市多语生态、分析当地语言选择和使用情况时极有价值的方法之一。目前，国际上的相关研究已对荷兰、西班牙、以色列、华盛顿、东京、曼谷、等多个国家或地区的语言景观进行统计和分析，并将其运用在研究多语现象（multilingualism）、城市语言生态（ecolinguistics）等领域，如 Gorter（2006）、Backhaus（2007）、Lou（2012）等。与国外相比，近年来语言景观研究也成为我国社会语言学、语言规划等领域的热门话题，自尚国文、赵守辉（2014）对该领域的研究视角与方法进行介绍以来，国内的语言景观研究已步入实证研究阶段，学者对北京（田飞洋、张维佳，2014）、上海（俞玮奇、王婷婷、孙亚楠，2016）、澳门（张媛媛、张斌华，2016）、新疆（杨金龙、梅德明，2016）、云南（徐红罡、任燕，2015）等地的语言景观进行了考察。因此，本研究通过考察研究对象家庭所在地周边的语言景观，分析其社区内部的语言生态与语言权势。

除此以外，教育现象学、生态教育学等多个领域的研究均认为，学生的"学习生活环境"并不仅局限于正式的学习过程，家庭、课余生活等亚文化场域也是其重要的组成部分，因此，研究者还对三位研究对象的家庭环境与课余生活进行了参与式观察。对研究对象的家庭环境观察主要通过家访活动来实现。在此过程中，研究者分别与三位研究对象约定时期，前往其家庭所在地进行家访，了解研究对象的家长对子女的教育观念及其对英语与阿拉伯语的语言态度；随着研究的不断深入，待与研究对象彼此熟悉、以朋友相待时，研究者通过参与三位研究对象的课余活动，如周末聚会、假期的传统民俗活动等，对研究对象的亚文化群体成员及相关活动进行一定的了解，记录该群体所关注、交流的话题。

（三）线上交流

与三位研究对象的线上交流既是对访谈、观察手段的重要补充，也是研究者与研究对象增加交流机会、相互熟悉的重要途径。研究者在个案追踪的过程中，若对研究对象的一次性访谈、观察出现任何遗漏或疑惑，即可通过微信、电话等手段与研究对象及时沟通。例如，在自主学习观察后，可通过微信询问研究对象在自习过程中的收获与困惑；在英语课堂观察后，可及时了解研究对象的英语学习体验等。微信、QQ、微博等新媒体手段能够为交谈双方提供一个相对轻松的语言平台，更易使研究对象在愉快、非正式的环境中"吐露心声"。除此以外，微信、电话等线上交流方式可增加交谈双方的沟通频率，使研究者与研究对象之间更快地建立信任关系，提高研究者对研究对象课余生活的观察频率。

（四）其他资料

个案追踪过程中，一些与研究对象学习生活密切相关的其他资料是访谈、观察等方式的重要补充。例如，研究对象在《大学英语》课堂中所做的学习笔记可从侧面反映出该生的学习策略、英语水平等；研究对象在自主学习过程中的阅读书籍可反映该生的学习兴趣及关注领域；研究对象在新媒体中（如微信、微博等）的留言、感言等是其抒发情感、透露思想动态的重要途径；研究对象家庭、社区内部传阅的民俗、宗教文献往往也是影响研究对象文化认同感的潜在因素之一。因此，为更加全面地了解三位研究对象的学习生活，研究者在个案追踪过程中也会对类似上述的其他资料进行收集。

四　数据整理与分析

针对个案追踪调查中所收集到的数据，研究者主要从两个方面给予分析：单个案分析与跨个案对比分析。

（一）单个案分析

质性研究中，数据的收集、整理与分析过程往往交叉重叠，三者之间通常并没有明显的界限。本研究的数据分析始于数据收集的中期。研究者遵循"互动模式"（陈向明，2000）的基本分析思路，将收集到的所有研究资料进行汇总与浓缩，再根据具体的研究问题不断地循环扩充相关资料。单个案的具体分析步骤如下：

首先是对资料的汇总与梳理阶段。研究者运用灵云智能转写软件将三位研究对象的访谈录音进行转写，并结合课堂观察笔记、语言景观资料、课余活动观察记录等资料，分别为每一位研究对象建立电子档案袋。经反复阅读、熟悉所有的电子档案信息后，按照事件的类型、发生的时间等要素对其进行初步编码，发现电子档案袋中仍然存在的信息薄弱部分，再次对研究对象进行针对性的观察与交流。

其次是资料的"登录"阶段。研究者遵从现象学的"加括号"方法，将研究者个人的预设、情感态度"悬置"，尽可能客观地阅读每位研究对象的原始资料，寻找并提取"能够最有力地回答研究问题的资料"（陈向明，2000）进行"登录"。在此过程中，研究者将研究对象在访谈中经常使用的、与研究问题存在潜在相关性的"本土概念"作为关键码号（code），待登录完成后将其汇集起来，形成初步的编码系统。

接下来是资料的归类与深入分析阶段。根据每位研究对象的电子档案袋与编码系统，研究者分别以三位研究对象的学习生活场域为划分标准，对所有收集到的资料做类属分析，即具有相同属性的资料归为一类，将研究资料分成不同的"子项目"；随后，研究者进一步深入分析研究资料，对每位研究对象的叙事线索（如事件发生的时间、研究对象的个人经历、角色发展等）进行情境分析，发现数据当中隐含的因果关系（Yin & Davis，2007），进而将归好类别的资料依据特定的线索串联起来，形成较完整的历时性个案叙事。

最后是资料的进一步扩充阶段。研究者再次将研究问题与每位研究对象的个案叙事相对应，回溯目前所收集的资料在哪些方面仍未饱和，以便在随后的资料收集过程中进一步聚焦此类资料，不断地循环扩充研究资料。

（二）跨个案分析

为"寻求个案之间的抽象提升、通过个案的分析逐步探索出具有一般普世意义的规律"（麦瑞尔姆，2008），本书借鉴费孝通式的类型比较法,在分别对三位研究对象完成单个案研究之后,研究者对所收集到的数据进行横向对比分析,挖掘不同研究对象之间的共性,从而抽象、概括出东乡族本科生群体产生英语学习焦虑的主要原因,力求达到"从个别逐步接近整体"(王富伟,2012)的目的。在此基础上,研究者尝试从外语教育规划层面探讨如何缓解东乡族本科生群体的英语学习焦虑现象。

第五节 研究的信效度及伦理

一 研究效度

研究效度是衡量研究结果是否可靠的重要指标之一。在量化研究中,效度是指某项实验或测试在多大程度上反应了它所要实验或测试的东西。从某种程度来讲,量化研究当中的效度是对研究方法本身的一项评估标准。相比较而言,质性研究关于效度的定义和检验质量不如量化研究那样清楚、明确。质性研究关注的并非量化研究所谓的"客观事实"的"真实性"本身,而是被研究者所看到的"真实"、他们看事物的角度与方式以及研究关系对理解这一"事实"所发挥的作用(陈向明,2000)。质性研究中的效度更关注研究结果与实际研究过程的相符程度,其所表达的关系是相对的,而不是绝对意义上的"真实有效性"。由此可以看出,质性研究中的"有效性"并不意味着该研究是对研究问题或研究现象的唯一正确表述,仅意味着这一表述比其他表述更为合理(陈向明,2000)。为最大限度地确保本研究的效度,研究者在资料收集与分析的过程中主要采取了以下策略:

(一)三角互证(Triangulation)

三角互证是指将同一结论用不同的方法、在不同的情境和时间里，对样本中不同的人进行检验，从而达到通过尽可能多的渠道对目前已经建立的研究结果进行检验、获得结论最大真实度的目的（陈向明，2000）。在本书中，研究者采用现象学式的深度访谈作为资料收集的主要方式，并采用观察、线上交流等方式作为资料收集的其他辅助性渠道，一方面可对所收集的数据作进一步充实，另一方面也可对访谈数据的真实性作侧面证实。例如，在对研究对象的访谈中了解到，受访者"每周都花费大量的时间记单词，可是没过几天就全忘了"、"家人觉得（我）学英语又没什么前途，（因为）学了这么多年，都没怎么及格过"等现象时，研究者便通过对研究对象的自主学习过程进行侧面观察，判断受访者是否每周花费了大量时间记英语单词；通过家访活动，了解受访者家长是否对孩子的英语学习失去了信心；通过观察受访者在《大学英语》课堂上的表现，判断其是否全身心地投入到了学习任务当中、在多大程度上掌握了课堂教学内容。

（二）参与者检验法

参与者检验法是指研究者将研究的结果反馈到被研究者，听取他们对研究结果有何意见（陈向明，2000）。在本书中，研究者将参与者检验法分别运用于资料的整理与分析、论文成稿两个阶段。在对本研究所收集的资料进行整理与分析的过程中，研究者若对访谈录音中的某些话语难以理解、对研究对象做出某些行为的原因难以推断时，便对当事人进行针对性询问，确保对所有研究资料进行准确的判断与解析；在本书成稿时，研究者邀请三位研究对象通读全文，若出现与三位研究对象的事实不符之处，便再次与三位研究对象协商修改，以确保研究过程、研究结果的真实性与准确性。

（三）阐释学的循环

质性研究当中的阐释学循环一般包含两个层面（陈向明，

2000）：文本的部分与整体之间进行反复循环论证，从而提高对文本理解的准确性；阐释者的阐释意图与阐释对象（文本）之间的循环，以此寻求两者之间的契合。首先，为确保本书的部分文本与整体文本之间达成一致，研究者在资料收集与整理的过程中，不断将新收集的资料与原先已获得的资料之间进行对比，若发现前后数据不一致、甚至相互冲突之处，则通过追问、线上交流等方式与研究对象进行沟通，从而达到对数据的准确判断与理解。其次，为寻求阐释意图与阐释对象（文本）之间的契合，研究者采取 E. Husserl 现象学的"加括号"方法，在资料收集的过程中尽量将个人的预设（或称倾见）"悬置"，对观察现象做客观的判断与解读。然而，"倾见"往往是在无意识中起作用的（陈向明，2000）。当研究者下意识的"倾见"与观察现象所反映的意义不符、致使阐释循环受阻时，研究者一方面进行自我反思，判断是否是自身"倾见"造成了对某些现象的理解出现偏差，另一方面在随后的访谈中继续对特定现象进行追问，确保研究者能够对现象做出客观、准确的解读。

二 研究信度

研究信度是指研究结果的一致性、稳定性以及可靠性（麦瑞尔姆，2008），即采取同样的方法对同一现象进行反复测量时，所得出的研究结果相一致的程度。质性研究强调通过研究者与目标研究群体之间的互动，从而达到对目标研究群体、研究现象的全面、深入理解。在此过程中，研究者个人与研究对象所具备的主体意识终究难以消除，双方之间的互动效果也会随情境的变化而出现差异，这些因素对研究结果均会产生重要的影响。为提高研究信度，本书分别在研究对象的选择、资料的整理与分析两个阶段采取了相应的策略。

在研究初期，研究者通过"外语课堂焦虑量表"对目标研究群体施测，选取出符合个案研究条件的候选研究对象14人，并在随后的质性研究中做进一步筛选。"外语课堂焦虑量表"由Horwitz、Cope等人于1986年编制，量表采用正向赋分与反向赋分相结合的方法，降低了测试者答题的倾向性。该量表自问世以来，经Horwitz等人的一系列信、效度测试（如Horwitz，1986、Horwitz & Young，1991等），目前已广泛运用于教育学、心理学、语言学等领域的研究当中，是测量外语学习焦虑的最普遍工具。因此，本研究采用该量表对研究群体施测，具有一定的信度与效度。

除此以外，针对个案追踪调查中所收集到的数据，研究者结合三位研究对象在其学习生活中的共性与差异性，对所收集到的数据进行跨个案间的横向对比分析，力求达到"从个别逐步接近整体"（王富伟，2012）、"寻求个案之间的抽象提升"（麦瑞尔姆，2008）的目的，这也能够从侧面提高研究结果的稳定性。

三 研究伦理

质性研究强调研究者与研究对象之间的关系对整个研究效果的影响，因此研究者的个人道德品质、研究中的伦理规范是资料收集与整理当中需要关注的要素之一。正如Stake（1994）所说："质性研究者是私人空间的客人。他们应该礼貌周全，严格遵循伦理准则"。Sieber甚至将研究伦理上升到与研究方法同等重要的地位，认为（Sieber，1992）在质性研究当中，好的伦理与好的研究方法是同时并进、相辅相成的。本书的研究伦理主要体现在以下三个阶段：

首先，在研究对象的选择阶段，研究者分别对经过"外语课堂焦虑量表"测评筛选的若干位候选研究对象进行坦诚的沟通，告知他们本研究的主要目的、对研究对象的具体要求并许诺保密原则。在研究对象完全知情、且愿意配合研究的前提下，研究者成功选择 3 名研究对象开展个案追踪。

其次，在资料的收集阶段，研究者遵从"被研究者第一、研究第二、研究者第三"（Fontana & Frey，1994）的原则，在听取研究对象的个人意愿之后再收集相应的研究资料。例如，访谈过程中，研究者在征得受访者同意的前提下再对访谈进行录音；当《大学英语》课程的授课教师反对在其授课过程中录像时，研究者尊重授课教师的意见放弃录像，转而采用课堂观察笔记的形式收集资料。

最后，本书成稿阶段，研究者对所有涉及三位研究对象隐私的信息隐匿（如研究对象的真实姓名等），并分别请三位研究对象浏览全文，对研究对象所提出的私人信息再次进行协商修改，最大限度地保护研究对象的个人隐私。

第五章 英语学习焦虑现状与分析

本章是研究的量化统计与分析部分。研究者根据"外语课堂焦虑量表"的测试结果,对目标群体的英语学习焦虑现状进行统计与分析,从而回答研究问题(1)。并根据测试结果,筛选出三位个案研究对象,为回答研究问题(2)与研究问题(3)提供必要的支撑条件。

第一节 目标群体的英语学习焦虑概况

本书选取兰州大学、西北师范大学、兰州交通大学、兰州理工大学、甘肃农业大学、西北民族大学、甘肃政法学院七所甘肃省主要高校的东乡族大学一年级、二年级本科生作为目标测试群体,采用"外语课堂焦虑量表"(见附件一)对其施测,旨在了解目标研究群体的英语学习焦虑现状如何。研究者依据上述七所高校的东乡族本科生实际在读人数,共发放量表 203 份,回收有效卷 194 份(其中大学一年级 101 份、大学二年级 93 份),有效回收率 95.6%。根据"外语课堂焦虑量表"的测试结果,研究者通过 SPSS 19 软件对数据进行统计,结果如表 5-1 所示。

表 5-1　　　　　　　目标群体的英语学习焦虑概况

	被试人数	交际畏惧	消极评价恐惧	考试焦虑	英语学习焦虑总评
本科一年级	101	3.4241	3.2636	3.5887	107.12
本科二年级	93	3.6211	3.5369	3.7923	115.44
总计	194	3.5185	3.3946	3.6863	111.11

根据表5-1的统计数据可以看出，东乡族本科生的英语学习焦虑平均得分为111.11分，其中，本科二年级被试的平均分数（115.44分）高于本科一年级被试的平均分数（107.12分）。与采用同一量表的其他研究进行对比可发现，我国东乡族本科生的英语学习焦虑水平明显较高：例如，Horwitz（1986）对美国高校的西班牙语学习者进行外语学习焦虑调查，发现被试的西语学习焦虑得分为94.5分；Y. Aida（1994）的调查发现，美国高校本科生的日语学习焦虑平均得分为96.7分；王才康（2003）对我国高校本科生的英语学习焦虑进行测试，发现其平均得分为83.9分；雷宵（2004）同样通过"外语课堂焦虑量表"的测量发现，国内高校本科生被试的英语学习焦虑得分为94.5分。由此可见，与前人的相关研究数据相比，东乡族本科生在其高校的英语学习过程中存在较明显的焦虑体验。

除此以外，研究者根据"外语课堂焦虑量表"中所包含的三个维度，即"交际畏惧"、"消极评价恐惧"与"考试焦虑"，对目标群体的英语学习焦虑进行了类属分析。通过对量表中"交际畏惧"、"消极评价恐惧"与"考试焦虑"三个维度的相关题目得分进行均值比较即可发现，上述三个维度的平均得分均超过了3分，表明不论是大学一年级还是大学二年级的东乡族本科生，被试均"同意"或"非常同意"自己在英语学习过程中体验到了"交际畏惧"、"消极评价恐惧"与"考试焦虑"。具体来讲，东乡族本科生被试群体在其英语学习中体验到最明显的焦虑感为"考试焦虑"（平均得分为3.6863），其次为"交际畏惧"（平均得分为

3.5185），而"消极评价恐惧"仅列末位（平均得分为 3.3946）。

第二节 不同年级被试的英语学习焦虑差异

为进一步分析不同年级的东乡族本科生在其英语学习过程中所体验的焦虑情绪是否存在差异，研究者以被试群体的所在年级作为划分标准，将上述七所高校的东乡族本科生被试分为大学一年级与大学二年级两个被试组，运用 SPSS 19 软件对所收集到的数据进行独立样本 T 检验，探究年级差异是否会影响到目标研究群体的英语学习焦虑水平。分析结果如表 5-2 所示。

表 5-2　　　　　　不同年级被试的英语学习焦虑差异

	被试人数	平均值	标准差	Sig.（双侧）
大学一年级	101	107.12	18.385	0.002
大学二年级	93	115.44	18.922	

由表 5-2 可以看出，大学一年级被试组共有 101 名东乡族本科生参与了研究者所发放的"外语课堂焦虑量表"，平均得分为 107.12 分；大学二年级被试组共有 93 名东乡族本科生参与了量表调查，平均得分为 115.44 分。总体来看，两个年级组的东乡族本科生被试均存在较明显的英语学习焦虑情绪。根据独立样本 T 检验的 Sig.（双侧）值可以看出，大学二年级被试组的英语学习焦虑得分显著高于大学一年级被试组（P 值 = 0.002 < 0.05）。考虑到本研究并未对同一组别内的被试进行历时性对比分析，难以排除"每组被试本身的历时性差异"这一无关变量，但上述结果仍然能从侧面反映出，年级的增长是东乡族本科生英语学习焦虑水平上升的影响因素之一。因此，本书所涉及的英语学习焦虑更多地体现在大学二年级的东乡族

本科生群体当中。

第三节 不同性别被试的英语学习焦虑差异

除了分析不同年级被试组的英语学习焦虑水平差异以外，研究者还将被试群体以性别作为区分标准划分为两组，运用 SPSS 19 统计软件将所收集到的数据进行独立样本 T 检验，探究目标研究群体中男生的英语学习焦虑水平与女生的英语学习焦虑水平之间是否存在差异。分析结果如表 5-3 所示。

表 5-3 不同性别被试的英语学习焦虑差异

	被试人数	平均值	标准差	Sig.（双侧）
男生	84	112.51	20.496	0.38
女生	110	110.04	17.903	

由表 5-3 可以看出，本研究共有 84 名东乡族男生参与了"外语课堂焦虑量表"的调查，平均得分为 112.51 分；110 名东乡族女生参与了量表调查，平均成绩为 110.04 分。总体来看，男性被试与女性被试的英语学习焦虑得分均高达 110 分以上，呈现出较明显的英语学习焦虑感。虽然男性被试的英语学习焦虑得分高于女性被试，但两组被试的平均得分并未呈现显著性差异（P 值 = 0.38 > 0.05），这表明性别差异并不能够对目标群体的英语学习焦虑水平起到关键性作用。除此以外，东乡族男性被试组得分的标准差（20.496 分）大于女性被试组（17.903 分），表明东乡族男生的英语学习焦虑水平呈现出更大的离散程度，这可能是由于参与调查的男性被试人数少于女性被试人数，且男生的英语水平参差不齐，因此对英语学习的焦虑程度也出现较大的差异。

第四节　东乡、汉族被试的英语学习焦虑差异

为分析甘肃省东乡族本科生与汉族本科生的英语学习焦虑是否存在差异，研究者在东乡族被试的所在班级中，随机选取同班级的汉族学生若干名，形成本研究的对照组。根据东乡族本科生的实际参与人数，研究者相应地对所选取的汉族本科生对照组再做进一步随机抽取，共获 239 名被试，其中包括 104 名男生、135 名女生。研究者根据东乡族、汉族被试所答的"外语课堂焦虑量表"结果，运用 SPSS 19 软件对量表数据进行独立样本 T 检验，探究两个组别在相同的英语教学环境下是否存在不同的英语学习焦虑水平。统计结果如表 5-4 所示。

表 5-4　　　　东乡、汉族被试的英语学习焦虑差异

	被试人数	平均值	标准差	Sig.（双侧）
东乡族本科生	194	111.11	19.057	0.000
汉族本科生	239	94.43	16.069	

由表 5-4 可以看出，本研究共有 194 名东乡族本科生参与了"外语课堂焦虑量表"的调查，平均得分为 111.11 分；239 名汉族本科生作为对照组参与了量表调查，平均成绩为 94.43 分。总体来看，汉族本科生在其英语学习过程中所体验的焦虑感与前人的调查数据（详见本文第五章第一节部分）相比差异不大，而东乡族本科生的英语学习焦虑水平明显较高；独立样本 T 检验的结果显示，东乡族、汉族被试组的焦虑平均得分存在显著性差异（P 值 = 0.000 < 0.05），表明东乡族本科生在其英语学习过程中所体验的焦虑感显著强于同班级的汉族本科生。除此以外，东乡族本科生被试组得分的标准差（19.057 分）大于汉族本科生被试组

(16.069 分），表明东乡族本科生的英语学习焦虑感参差不齐，呈现出更大的离散程度。这可能是由于参与调查的东乡族本科生被试人数较少，且英语水平差异较大，因此对英语学习的焦虑程度也存在较大的差异。

第五节 量化研究结果

在本书的量化统计与分析阶段，研究者采用"外语课堂焦虑量表"（见附录一）对甘肃省七所主要高校的大学一年级、二年级东乡族本科生给予调查，并相应地抽取同班级的汉族本科生作为对照组，从"东乡族本科生群体内部"、"东乡族与汉族本科生之间"两个方面对数据进行对比分析。调查过程中共获取有效量表 433 份，其中包括东乡族本科生所答量表 194 份、汉族本科生所答量表 239 份。经研究者本人对量表评分后，通过 SPSS 19 统计软件对测试结果进行量化统计，旨在回答研究问题（1），即"我国东乡族本科生的英语学习焦虑现状如何"，并为回答研究问题（2）与研究问题（3）所须的个案研究对象提供必要的支撑条件。

首先，"外语课堂焦虑量表"的统计结果显示，东乡族本科生在其高校的英语学习过程中存在较明显的焦虑体验。其中，"考试焦虑"占据首要方面，其次为"交际畏惧"，而量表中所包含的"消极评价恐惧"维度仅列末位；大学二年级东乡族本科生的英语学习焦虑水平显著高于大学一年级的东乡族本科生，且男生的英语学习焦虑水平高于女生；与同班级的汉族同学相比，东乡族本科生的英语学习焦虑水平更高、且存在显著性差异，其英语学习焦虑感参差不齐，呈现出更大的离散程度。这可能是由于参与调查的东乡族本科生被试人数较少，且英语水平差异较大，因此对英语学习的焦虑程度也存在较大的差异。

其次，通过"外语课堂焦虑量表"的统计结果与分析，大学二年级东乡族本科生的英语学习焦虑水平高于大学一年级的东乡族本科生，且存在显著性差异；东乡族男生的英语学习焦虑感强于女生，但并不存在显著性差异。因此，本书所涉及的英语学习焦虑现象更多存在于大学二年级的东乡族本科生群体当中。为抽取到"能够提供最大信息量的研究对象"（Patton，1990），研究者根据此结果，将大学二年级的东乡族本科生群体作为本书的主要研究群体，从中选取"高焦虑组"的被试 25 名，并根据被试的家庭所在地、个人生活经历、配合意愿等因素逐渐将被试人数缩小至 3 人，作为本书最终的个案研究对象。

第六章　不屈的求学者——学生 J

　　学生 J 今年二十岁，男，系西北师范大学思想政治教育专业的一名大学二年级东乡族本科生。研究者经"外语课堂焦虑量表"的调查与统计、对学生 J 本人的课堂观察与数次沟通，最终选择该生作为本书的个案研究对象之一。

　　研究者在初次见到学生 J 时便对其产生了较为深刻的印象。2017 年 6 月，研究者在对西北师范大学的《大学英语》课程进行课堂观察环节时，第一次接触到学生 J。研究者注意到，《大学英语》课堂中绝大多数男生均坐在教室的后排，而女生大多坐在教室的前排。该课程的任课教师王老师反映，"对于非英语专业的本科生来讲，《大学英语》课程是一门并不受学生所喜爱的科目。学生们虽然不喜欢听英语课，但迫于平时的出勤考核与期末考试压力，基本都会按时前来上课。男生的英语基础普遍较差、英语学习兴趣较低下，一般都坐在教室的后排开小差，而女生多半都比较认真，坐在教室的前排认真听讲"。与班上的绝大多数男生不同，学生 J 坐在教室第一排距离任课教师最近的座位上，眉头紧皱、专注地听着英语教师对课文的讲解，课本上密密麻麻地记录着相关的知识点，看起来对英语的学习非常投入。但出乎研究者意料的是，当任课教师对学生 J 进行课堂提问时，学生 J 却表现出较为胆怯的一面：慌慌张张地扔下紧握在手的笔，站起来低下头、一句话也说不出。坐在教室后边的男生们随之传来一片嘘声。

第一节　学前生活

学生 J 的家乡位于甘肃省临夏回族自治州东乡族自治县风山乡，父亲在其 10 岁的时候病逝，母亲在家中务农，自己有两位哥哥在距家 50 公里处的临县——广河县做室内装修工人。

地处干旱丘陵区的风山乡（如图 6-1 所示）隶属于东乡族自治县的山区，距离东乡族自治县县城约 30 公里，辖区占地面积 56 平方公里，人口约 5000 人，其中绝大多数人口为东乡族。相对闭塞的交通条件致使该地区外来人口很少，绝大多数当地居民均为土生土长的东乡族，其在日常生活、宗教活动中均使用东乡语，很少接触到汉语。学生 J 的父亲长期在外地务工，从未接受过正规教育的母亲在家一边务农，一边抚养学生 J 与他的两位哥哥。因此，在接受正式的教育之前，学生 J 几乎从未接触、了解过汉语，东乡语是其日常生活中的唯一交流用语。

图 6-1　风山乡鸟瞰图

第六章 不屈的求学者——学生 J

"（我）小的时候没有上过幼儿园、学前班，天天在村子里跟伙伴们玩耍，我们都说土话（东乡语），在家里爸爸、妈妈、爷爷、奶奶也都说土话。……风山乡是山区，交通不方便，村子里都是东乡人，我们自己走到公路上都要一、两个小时，没有汉族人来我们这里，有时候偶尔会有回族人来我们村里做生意，但也不会跟我交流。……那个时候也没有电视机，我只从报纸、零食的包装袋上见过汉语，从收音机上听过汉语。……爸爸懂汉语，（但是）他经常在外地打工，没有机会给我教汉语；妈妈也不识字，不可能给我教（汉语）。"（20170619XJ，学生 J 访谈转写）

山路崎岖、交通闭塞的东乡族自治县风山乡基础教育薄弱，是甘肃省的重点扶贫地区之一。十几年前，风山乡的部分居民、尤其是一些年长的当地东乡族居民甚至不曾听闻"幼儿园"、"学前班"等名词。近几年来，随着国家扶贫项目的进一步扩展与深入，风山乡才开设了正式的幼儿园。与其他东乡族同龄人一样，学生 J 自小未接受过幼儿园与学前班教育。七岁以前，学生 J 均是在家中或村落附近与其他东乡族小伙伴一起玩耍。学生 J 的爷爷与当地的阿訇算是其学前教育的"领路人"：由于父亲长期外出务工、母亲是文盲，家中只有年长的爷爷懂得一点阿拉伯语、会念《古兰经》，是家中的"文化人"。闲暇之余，爷爷会在家中为学生 J 及其他两位哥哥讲述《古兰经》中相对浅显的人物与故事、口头教授阿拉伯语字母的基本读音；每逢周末，当地的阿訇会组织男性成年人与孩子们去清真寺"诵经"。因此，除日常交流所使用的东乡语以外，阿拉伯语在学生 J 非正式的学前教育中占据一定地位。

"那个时候村里根本就没有幼儿园,我们也没听过什么幼儿园、学前班,只知道附近有小学、七岁才能上学。我们也不愿意上学,小孩们都在附近闲逛(玩耍)。……我爸爸去外地打工了,妈妈白天要去种地,爷爷奶奶在家给我和两个哥哥做饭。除了在家吃饭、睡觉,(我)也没别的什么事了,妈妈又不识字,平时不会管我的学业,我没事干就跟附近的小伙伴一起出去玩。……爷爷懂一些阿拉伯语,他会念《古兰经》。早晨如果爷爷没什么事,有时候会给我跟两个哥哥讲一讲《古兰经》上的故事,给我们讲一讲书里面的一些教规,有时候也会给我们口头教一些阿拉伯语的念法(读音)……周末最热闹了,我跟朋友们可以去附近阿訇的清真寺念经(诵经)。我平时也没什么事干,有时候就盼着周末去念经热闹热闹……。"(20170613XJ、20170619XJ,学生J访谈转写)

第二节 "越上越糊涂"的初等教育

在此情景下,学生J直至小学阶段才真正开始了解汉语、学习汉语。学生J就读的冯家坪小学(如图6-2)离家不远,同样隶属于东乡族自治县的辖区。因此,该校所接收的生源几乎均为不懂得汉语的东乡族学生。根据生源的实际情况,该校采用由东乡语向汉语逐渐过渡的双语教育模式,即在小学一年级至小学三年级,采用以东乡语为主的课堂教学用语;小学四年级至六年级,待学生掌握一定的汉语基础时,再逐步将课堂教学用语转换为汉语。然而,该校汉族教师人数极少,绝大多数教师为当地的东乡族,授课过程存在比较明显的汉语发音不标准现象。在以东乡语为课堂教学用语的小学低年级阶段,学生J的学业成绩还算"马马虎虎",但到了汉语为课堂教学用语的高年级阶段,由于每位任课教师的汉语发音均不太一样,加之学生J自身并不熟练的汉语水平,该生在课堂上不仅要学习越来越繁重的学科知识,还须更快、更准确地理解任课教师、学生双方均不熟悉的课堂教学用语——汉语。这致使学生J在课堂上"越听越糊涂"、成绩也呈现下滑趋势。

图6-2 风山乡冯家坪小学

"刚上小学的时候,学校里的老师们都用土话(东乡语)给我们教课,课本知识(我)还是能马马虎虎学懂的。……三年级以后,老师们开始用汉语给我们教课了,他们也都是东乡人,自己汉语也说不清楚,每个老师的汉语说的(发音)都不一样,我自己本来就对汉语还不熟,有时候听半天都反应不过来他们(任课教师)都说的啥,后来我就越听越糊涂了,成绩也越来越跟不上了。"(20170619XJ,学生J访谈转写)

越发难以掌握的学科知识、还未完全熟练的汉语并非学生 J 在高年级阶段课程"越上越糊涂"的唯一原因。小学三年级以后，学生 J 所在的冯家坪小学开始开设英语课程。东乡族自治县的东乡族本族英语教师紧缺，绝大多数英语教师为临近的回族、汉族教师，学生 J 的就读学校也不例外。该校受经济、交通等条件所限，英语教师资源尤其紧缺，整个学校内仅有一位英语专业的"正规英语教师"，主要负责教授五、六年级的英语课程，更低年级的英语课程多由非英语专业的其他任课教师兼职授课。在此情境下，学生 J 的英语学习自一开始便困难重重：英语字母与汉语拼音字母明明写法一样，发音却天差地别；自己依靠死记硬背、标注汉语才勉强记住的英语单词，一换新老师又发现单词的发音都不一样；高年级英语教师上课完全使用汉语作为课堂教学用语、课后也只能用汉语与学生进行交流，自己在英语学习过程中存在的困难，难以完全通过汉语与任课教师交流、反馈。

"三年级以后就开设英语课了，（我的）学校当时只有一个正规英语老师，是从县里（东乡族自治县）调过来的，她是回族，不会说我们的土话（东乡语），只能等我们到六年级、汉语学清楚了再上她的课。……刚开始几年的英语课都是其他老师给我们带，有的本来是数学老师、有的本来是语文老师，反正（英语）老师经常换，每个老师读的英语又都不一样，再加上我刚刚学会的汉语拼音跟英语字母读音也不一样，搞得我越上越糊涂，有时候就搞不清哪个是汉语（拼音）、哪个是英语。……后来到了六年级，正规的英语老师发音就是好听，但是原来落下的知识太多了，我汉语又不熟，不敢用汉语跟老师说话。"（20170704XJ，学生 J 访谈转写）

小学三、四年级，在课堂教学用语由东乡语向汉语逐渐过渡的关键时期，疲于应对越来越困难的学科知识，英、汉语言"越学越糊涂"的学生J家中又传来噩耗：长期在外务工的父亲病逝。本来就不富裕的家庭突然失去了主要的经济来源，正在上初中的两位哥哥决定外出务工，维持母亲与学生J的正常生活、学业开销。学生J则在继续接受教育的同时，辅助母亲完成家务及农活。自此，年仅10岁的学生J开始承受学业、家务、农活等多重负担，难以留出足够的课余时间来解决学校课程中日渐积累的学科知识与语言学习过程中产生的诸多困惑。

"（我）十岁的时候，爸爸病逝了。以前家里的主要经济来源就是依靠爸爸在外地打工，（父亲）负责供我们兄弟三人的生活费和学费。爸爸病逝以后，家里没有收入了，妈妈种地也挣不了多少钱，没办法再供我们兄弟三人上学了。……后来，（我的）两个哥哥不念（退学）了，他们本来也不爱念书，还不如出去打工。他们挣钱供我上学，我在家帮妈妈做家务、种地。……学校里学的东西（知识）越来越难，老师们都用汉语教课，但汉语我还是不熟：能勉强看懂汉字，但老师说的汉语我经常反应不过来，等想明白了老师早都讲到别处了；我还是没学懂汉语拼音，读不清楚，也不敢用汉语跟老师说话。……英语就更困难了，越学越糊涂，单词根本记不住，回家以后还要干家务、种地，也没有时间做作业，没有时间读英语、背单词了。"（20170704XJ，学生J访谈转写）

第三节 "没有人管"的中学教育

2008年，学生J顺利从凤山乡冯家坪小学毕业。从未出过远门的学生J面临人生的第一次"远行"：穿过连绵的山区，至三十公里以外的东乡族自治县就读初中。某中学该校位于东乡族自治县达板镇，是一所具备食、宿条件的县级中学，绝大多数生源均为周边乡、镇的东乡族学生。该校虽然距学生J的家乡仅三十公里，但山路延绵的东乡县交通不便，学生J须首先步行或搭乘摩托车至临近的"公路"处，再乘坐大巴车前往就读学校。受交通费用、时间成本的制约，学生J在就读初中期间回家频率较低，每学期仅回家一、两次，其余时间均寄宿学校。

"小学毕业以后，我妈妈看到我的两个哥哥在外面工作还不错，想让我也不念（读书）了，去跟两个哥哥一起打工。我不愿意，想继续念书，我的哥哥们支持我，供我继续读初中。但是我家附近没有中学，最后选择了东乡六中，在达板。……那个时候家里没钱，哥哥们凑钱给我交学费，剩下的生活费很少，我没太多的钱坐车回家，而且坐车回家也坐不到家门口，（我）下车以后还要走一两个小时的山路，很不方便。我就在学校里待着学习，一学期回去一两次。"
（20170619XJ，学生J访谈转写）

学生J就读的初中离甘肃省省会兰州市仅五十公里，是东乡族自治县距离兰州市最近、交通最便利的地区，也是东乡族自治县辖区内为数不多的非山区。因此，该校的师资水平相对较高，学生的生活质量、生源的家庭背景等与学生J所在的风山乡差距较大。在这里，绝大多数的英语教师为回族或汉族，上课能够使用标准的普通话进行课堂教学，课后使用汉语与学生们交流英语学习过程中存在的诸多问题；虽然该校的生源仍以东乡族为主，但不少学生均为达板镇辖区内或临近的生源，其从小在日常生活中接触汉族、回族的频率较高，早就习惯了在适宜的场合灵活使用东乡语、汉语两种语言。在此环境下，刚刚走出山区的学生J显得难以适应：自己的汉语说的并不标准，还不能够非常灵活地运用到正常交流当中，由此同学们就很少带学生J外出活动；英语教师普通话流利，意味着其在课堂教学当中的语速更快、所讲授的内容更多，而学生J在英语课堂中不仅要学习新的内容，而且要迅速地理解授课教师流利、标准的汉语，课后学生J又不敢使用自己生疏的汉语向英语教师请教问题。由此，学生J认为自己是一个"性格内向、不爱与人交流"的学生。

"上中学以后，我感觉自己变得内向了。同学们都是达板的人，汉语说的比我好。平时他们出去玩的时候，该说土话的时候说土话、该说汉语的时候说汉语。但是我不行，我说的汉语不标准、发音不对，说错了他们会笑话我。所以同学们出去玩的时候不爱带我，我自己也不爱出去玩了。……英语老师是个汉族人，她上课说的普通话太快了，我反应不过来，而且她说的快就讲的内容多，我回去以后（下课以后）得花好长时间复习，不然就忘了。……我原来学的汉语不标准，发音跟老师说的普通话不一样，所以课后有啥问题也不敢跟老师直接交流，怕老师笑话我汉语说的不标准。"（20170704XJ，学生J访谈转写）

初中三年以来，经常寄宿于校园的学生 J 受各方条件的制约，逐渐陷入"无人问津"的窘境：由于自己的家乡位于山区，交通不便，学生 J 每学期仅回家一、两次，与母亲团聚的频率大大减少，疲于在家中务农的母亲也无法顾及学生 J 的学业与生活；自己的两位哥哥在异地忙于工作，也难以抽空前来看望学生 J；自认为"性格内向"的学生 J 由于入学阶段遗留下来的"语言问题"而愈发难以与同班同学一起玩耍，同学们甚至很少邀请学生 J 一同参加周末的民俗、宗教活动；与此同时，极少与任课教师进行沟通的学生 J 在课业上也多半依靠自学来解决课堂中遗留下来的困惑与难题。

"上初中的时候基本上没有人管我。学校离家太远了，交通又不方便，我很少回家去了。妈妈在家里忙农活，也不经常来看我、管我的学习情况；哥哥们在广河打工没什么假期，每个月给我卡里打钱，他们当时（初中）就不好好念书，所以也不会过问我的学习情况……我自己越来越内向，不怎么跟同学们一起玩。……他们有时候出去打游戏也不叫我，周末去做礼拜也不叫我，我就一个人在学校里做作业、复习。……因为老师们跟我不怎么交流，我也不敢问他们问题，我反正课后也没别的什么事，我自己想办法解决。"（20170704XJ，学生 J 访谈转写）

塞翁失马，焉知祸福。"没有人管"的学生 J 初中生活虽然单调，却培养了学生 J 较强的自主学习能力。眼看着周围的同学们花费大量的课余时间外出玩耍，学生 J 独自一人在校完成学业，甚至很少参与东乡族的宗教礼拜与其他传统民俗活动，而随之余留下来的大量时间又为学生 J 进一步温习学科知识提供了保障。

第六章 不屈的求学者——学生 J

2011年,学生J以优异的成绩考入临夏回民中学,成为初中母校毕业生当中为数不多的能够冲出东乡县、考入临夏市的学生之一。

临夏市是甘肃省临夏回族自治州的政治、经济、文化中心,是甘肃西南部重要的商品集散地,也是衔接甘肃、青海、西藏三省回族、藏族、东乡族等少数民族的贸易枢纽。临夏市常住人口约30万人,包括汉族、回族、东乡族、土族等18个民族,其中信仰伊斯兰教的回族、东乡族等少数民族占总人口的50%以上。位于临夏市辖区内的临夏回民中学是一所具备寄宿条件的州重点中学,学校现有在校学生5000余人,设80个教学班,其中绝大多数生源为临夏回族自治州临夏市及其下属县、区的少数民族学生。临夏回民中学距学生J的家乡所在地——凤山乡约50公里,受交通条件的限制,在临夏回民中学就读高中的学生J仍然不得不寄宿于学校当中,每逢假期才回家与母亲团聚。

临夏回民中学的绝大多数生源均为回族学生,东乡族学生在该校的生源比例较小。该校的回族学生除上课使用普通话以外,课余多使用临夏本地人所讲的"临夏话"进行日常生活交流。与汉语普通话相比,这种临夏方言的语速较快,语音、语调较平。由于学生J之前所学的汉语是经过数位"发音均不标准"的汉语教师所教授,至高中阶段仍然不能说出标准的普通话,而语速更快、与标准普通话区别较大的临夏方言更令学生J难以听辨。因此,课余闲暇,学生J多与同班的4、5名东乡族学生聚在一起,而很少与回族学生一起玩耍。

"高中是在临夏市里,都是回民学生。回民学生平时都说临夏话,他们说的很快,音调也跟普通话不太一样。……因为我原来上学的时候,汉语老师们自己都说不清楚普通话,我到现在都还弄不清楚汉语拼音,一些词汇的发音到现在还没搞清楚，所以临夏话我更听不懂。……他们回民学生都跟回民学生玩，我也听不懂他们的话，我经常跟我们东乡的（东乡族学生）一起玩。……我们班有4、5个东乡学生，周末我有时候跟他们一起到市区逛一逛，有时候在宿舍里跟他们打打牌（扑克牌）……"（20170710XJ，学生J访谈转写）

每逢周末"做礼拜"或参加其他传统民俗活动的时候，学生J尤其显得与其他同学格格不入：由于身边的绝大多数同学均信仰伊斯兰教，每逢周末"做礼拜"时，同学们都组团一起前去参加。而学生J自初中入学以来，早已养成了在周末自主学习的习惯，再也没有去清真寺做过礼拜，初中以前所学的一些浅显的阿拉伯经文早已忘却，学生J自称已"跟不上"临夏市里的宗教事宜。在此情形下，在老师眼里仍然不怎么起眼的学生J充分利用周末课余时间加紧学习，期盼能够以更优异的成绩考上重点大学、找到更加体面的工作，缓解家中愈发难以承受的经济压力。

"周末大部分同学都去做礼拜了，不管是东乡族还是回族，我们都信仰伊斯兰教，所以在这方面（做礼拜）我们都是一致的，大家都应该去参加。但是我初中就再没有去做过礼拜，小时候（初中以前）学过的一点点阿拉伯经文早都忘了，想跟着同学们一起去做礼拜也跟不上了……我周末一般还是在学校学习，反正老师们平时也不怎么管我，我只能在周末再看看课堂上没有理解的知识、做做作业……我不想再像哥哥们那样打工了，当时想考一个好一点的大学，好的大学就能找到好工作，这样家里也就不那么紧张（经济压力大）了。"（20170710XJ，学生J访谈转写）

第六章　不屈的求学者——学生 J

与在达板镇的初中生活相比，学生 J 的就读高中——临夏回民中学的课业压力进一步增大：位于临夏市区的重点高中生源质量更高，其中绝大多数生源是"基础更好"、"更加聪明"的回族，而非"经常在外玩耍"、"平时不怎么学习"的东乡族；这里的教学设备更新，但新颖的多媒体教学设施使任课教师的教学进度提高，无形中促使学生 J 须在课堂上掌握更多的学科知识；州府重点高中的师资力量更是与东乡族自治县不可同日而语。以英语课程为例，该校鼓励英语课堂以使用教学目的语为主，汉语普通话仅作为教学辅助用语。听着英语教师流利的英语与标准的汉语普通话，英语听、说能力较差的学生 J 在课堂上只能依靠做大量的笔记，课后再进一步温习的方式理解英语课堂内容。如此高负荷的课业压力使学生 J 的课后娱乐时间进一步减少。

"临夏市的中学跟我们东乡的（学校）不一样。……回族学生本来就比我们聪明，他们基础又好，不像我们小时候不爱学习，尽（总是）在外面玩。……高中里面的老师们上课喜欢用 PPT。PPT 好是好，但是用 PPT 上课内容比较多，老师们讲的更快一点，我就得更多地思考。……市里的老师肯定也更好，尤其是英语老师，上课喜欢用英语（讲课），有时候说一点儿汉语，普通话也标准。但是我听力不行，她说的英语我也反应不过来，我得记好多笔记，课后再花时间复习，这弄的我英语课很吃力。上高中真是累，每天晚上都要花很多时间复习课上的内容，还要写作业。周末我也不怎么出去，待在学校里面学习。"（20170710XJ，学生 J 访谈转写）

第四节 "一意孤行"的复读生活

高中三年来,励志要考入重点大学,从而离开山区、"在大城市找份好工作"的学生 J 牺牲了大量的课余时间、甚至本民族的宗教活动时间,努力弥补自己之前落下的学科知识、跟上教师的正常教学进度。2014 年,肩负着母亲与自己两位哥哥多年来的期望,学生 J 终于迎来高考。然而,经过三年刻苦学习、本来已经成为同学们心目中"佼佼者"的学生 J 却因为考试期间过度紧张而意外失利:高考仅 300 多分,甚至与甘肃省内最普通"二本"大学的录取分数线相比都相差甚远。突如其来的打击、家人对自己的未来发展"殷切关心"令学生 J 猝不及防:

"高中三年我其实挺努力的,虽然一开始有点跟不上(教学进度),但我每周学习的时间比别人多呀,有时候周末也不出去、都在学校里学习,后来我的成绩还算是学校里面比较好的,老师们都觉得我上个重点大学应该没问题。……可是高考的时候不知道咋回事,(我)特别紧张,晚上睡不着觉,(考试期间)心砰砰砰地跳,让我没办法正常思考了。……最后才考了三百多分,我一下子不知道该怎么办了,(因为)这个分数连河西学院、陇东学院这些二本学校都上不了了。……我哥哥们让我跟他们一起打工去,因为他们那几年生意还可以,能挣一点钱;我妈妈又让我回东乡,让我回去跟着阿訇念经(诵经),这样等我念差不多了以后说不定还能当阿訇……问题是我为了学业,背着我妈这么多年都没有再去念过经,原来学的那点阿拉伯字母也早都忘了,我也不敢跟我妈说……我

第六章 不屈的求学者——学生J

也不知道该怎么办了。"（20170710XJ，学生J访谈转写）

高考失利后，母亲建议学生J回到风山乡，在家乡的清真寺跟随阿訇诵经，"安分守己地学点东西"，以期日后也能够做一名当地的阿訇；两位哥哥则建议学生J跟随他们一起做装修生意，"多挣点钱、养家糊口过日子"。然而，学生J却"一意孤行"，在高考失利一个月后不顾母亲与两位哥哥的劝阻，执意在临夏市某复读学校报了名，欲通过自己的再次努力，来年如愿考入重点大学。

"娃（学生J）念了（读书）那么多年，跑那么远，也没学出撒样子来。我当时想让他回来，安分守己地跟阿訇念经（诵经）去，……学点真本事，以后当个阿訇多好，又有钱又受人尊敬。……当不了阿訇的话，念经学的阿拉伯语也可以去外国做生意嘛，这才是最实际的，学那些数学、英语的干啥用……"（20170719XJM，学生J母亲访谈转写）

"小J念了这么多年书，我看也挺辛苦的，都这么大的人了，跟我们一起干，挣点钱赶紧结婚才是大事，总不能一直这么念（读书）吧。养家糊口过日子，实际一点……我看我打工都没有他（学生J）念书辛苦，我当时劝他跟我们一块干，早点结婚生孩子……"（20170719XJB，学生J哥哥访谈转写）

"我想了一个多月，觉得实在是不想再回东乡了，听我妈的话去家里学念经（诵经）、当阿訇也不现实，我这么多年都没再念经了，肯定也跟不上……跟我哥哥们打工去我也不愿意，我不想在那边（东乡）待了，想去大城市发展。……我想了想，就是

· 109 ·

考试的时候太紧张了，没有发挥好。我再学一年，正常发挥就行了，应该能考个重点大学。"（20170710XJ，学生J访谈转写）

英语始终是学生J多年求学生涯中的瓶颈，也是学生J高考各科成绩中最薄弱的一环。为弥补自己的学科短板，同时进一步巩固其他科目，高三复读阶段的学生J近乎完全放弃了自己的课余爱好，甚至整个学期都寄宿于复读学校中，仅到放寒假时才回家与母亲团聚。除了在晚自习完成英语任课教师既定的练习题与课后作业之外，学生J还牺牲自己的周末休息时间与本民族的"做礼拜"时间，完成自己购买的大量英语相关配套辅导练习，试图通过反复的"背单词"、"学语法"提高英语学习成绩。

经过一年的寒窗苦读，学生J于2015年6月再次踏入高考考场。然而，自认为准备充分的学生J却在考试期间又一次出现焦虑情绪，连续几天的严重失眠与心慌又一次影响到了学生J的考试发挥，使其再次与心目中的"重点大学"失之交臂，最后仅被甘肃省内的某师范大学以第二批次专业——思想政治教育专业"调剂"录取。虽然对自己所要学习的思想政治教育专业无感，但该大学尚属于甘肃省内的重点大学，学生J在"无奈"与"期待"交织的情绪下继续追寻自己的大学梦。

"（我）辛辛苦苦地又努力了一年，这一年真的一点点都没有放松过，周末基本都在学校复习，也基本不去做礼拜了。……这次感觉各方面都差不多了，应该能考个重点大学。没想到高考的时候又开始紧张，连续好几天晚上睡不着觉、心砰砰砰地跳……我就又没有发挥好。……我本来想去中央民族大学，但是第一批次的分数没考够，最后被师大录取了，还是校内调剂的专业，思想政治。……我其实不想学政治，我都不知道政治学了能干啥，我本来报师大是想当老师，我报的数学专业，（因为）我觉得我数学学得还可以……但是也没办法了，我也很无奈分数不够，师大能要我就不错了，总之终于考上了一个还可以的学校。"（20170710XJ，学生J访谈转写）

第五节　迷茫的本科学习生活

2015年9月，学生J如期来到大学报到，完成自己期盼已久的大学梦。该师范大学位于甘肃省的省会——兰州市，发端于1902年建立的京师大学堂师范馆，是一所历史悠久、文化底蕴深厚的师范类高校。初来学校的学生J立刻就被该校复古的建筑风格、郁郁葱葱的校园环境所吸引。虽然被录取的思想政治教育专业并不是学生J的首选专业，但面对如此优越的校园环境，学生J暗暗下定决心要珍惜机会，继续努力学习。

"刚来师大的时候感觉太好了，一看见师大的那种古老的校门、（校园）里边的绿化也好，（我）觉得辛苦了这么多年也值得。……思想政治专业不是我的第一志愿，不过看到这么好的学习环境，（我）感觉珍惜机会，好好努力吧。毕竟我们乡里面根本就没出几个大学生，而且师大也是甘肃省内的重点大学，我考上这里已经是很不容易了。"（20170619XJ，学生J访谈转写）

一　课堂学习："大英课"跟"考四级"有关系吗？

自2015年入校以来，学生J非常珍惜来之不易的高校读书机会，一如既往地勤奋学习，努力对所修的每一门课程都"尽心尽力"。虽然综合成绩并不能够名列前茅，但学生J的哲学、政治学等专业课成绩基本都处于本专业的中等偏上水平。然而，学习时间最久、同时也是最令学生J迷茫的《大学英语》课程依然是其最难以驾驭的科目。学生J就读的学校本科生培养方案中明确要求，本校学生在毕业之前应获取大学英语四级证书，即须要本校本科生的大学英语四级成绩达到425分以上。从小英语成绩就不理想的学生J自入校得知该项规定之后，便对《大学英语》课程格外重视，入校两年来从未缺席任何一节课程，同时在课后做了大量的复习、预习工作。但是，学生J的不懈努力却没有换来应有的回报：连续三次的大学英语四级考试均没有达到学校要求的基本分数线。

　　眼看着身边的同学们平时明明没有自己努力，却相继都考过了大学英语四级，甚至有些经常缺课的同学也能顺利考试过关，还有一些同学因为四级成绩优异而获取了免修《大学英语》课程的资格，学生J越来越感到迷茫与焦虑：《大学英语》课程教的内容似乎跟大学英语四级的考试题目相关性不明显？任课教师为何从未布置课后练习或相关作业？自己到底应该怎样做才能如愿考过大学英语四级？

　　"我平时在英语上花费的时间最多，从来不旷课，每次还都坐在前面，认真做笔记了。但是我课后知不知道该怎么复习啊！老师不像中学那样，（她）从来不布置作业，下课了就结束了。……上课讲的东西好像也跟四级没啥关系，（因为）上课讲的我都记住了，但是四级我每次都过不了，考试的时候特别紧张，那段时间搞得我都睡不着觉。我就想不通，（我）明明比别人都努力，怎么他们考四级就那么容易,一个一个都过了,就剩我没过。还有人平时不来上课的,都过了。有的(同学)四级考的很高,还可以免修英语课。……我在想这个大英课到底有没有用啊?老师教的跟考试好像没啥关系啊,不然他们旷课的怎么过的?我到底应该咋办才能过(大学英语四级)啊!不然毕不了业了,我自己也真的很着急……"(20170613XJ,学生J访谈转写)

学生J表示,自己努力学习英语的主要目的就是获取大学英语四级证书,从而顺利毕业、找到理想的工作。为达到此目的,之前已连续三次英语四级考试失败的学生J依然在《大学英语》课程中坚持认真听讲,尽管身边的部分同学们怀疑该课程到底是否能够对四级考试起到积极作用。

"我觉得大学里学英语就是为了考试(大学英语四级),考过四级了顺利毕业、对找工作有帮助。如果不考四级,那我可能就不会这么上心了。……好多同学感觉平时也没怎么认真听讲,(他们)都在后面玩手机、睡觉呢,结果人家都过了四级了。他们都觉得上课跟考试没啥关系,平时买点真题练一练就行了,关键是要运气好。……有的(同学)经常不来上课,人家也过了(大学英语四级)。所以我有时候也搞不清楚,是不是真的上课跟考试没啥关系。……反正我已经坚持了这么长时间了,再有最后一学期课,坚持上完算了"(20170613XJ,学生J访谈转写)

在对学生J所修的《大学英语》课程进行课堂观察时,研究者注意到学生J所在班级的绝大多数男生均倾向于坐在教室的后排,其中有一大部分男生并未认真听讲,躲在课桌下面玩手机。

学生 J 则几乎每次都坐在教室的前排、距离任课教师最近的座位上，并且一边认真听讲、一边记录听课笔记，并频繁地点头以响应任课教师所提及的知识点，课本的空白处密密麻麻地记满了相关的知识点。相比之下，这些举动显得与班里的其他男生格格不入。然而令研究者感到惊讶的是，每当任课教师进行课堂提问环节时，学生 J 从未主动地回答过问题，甚至当任课教师针对学生 J 进行点名提问时，学生 J 却慌慌张张地站起来、低下头难以开口，教室后边的部分男生则发出一片唏嘘声。

"我上课倒是听得挺认真的，但是不知道为啥，就是说不出。我从小就是这样，不敢跟老师交流，尤其是英语，我发音不行，就更不敢说英语了。而且同学们有时候会笑话我，这样我就更不敢说了……"（20170613XJ，学生 J 访谈转写）

二 自主学习："背单词""学语法""练真题"

大学已有两年学习经历的学生 J 越来越深切地体会到，高校的学习方式与中学相比截然不同：大学的任课教师们很少布置太过繁重的课后作业，本科生须通过课后的自习环节进一步扩充自己的知识储备。进入大学的第二学年，学生 J 已完成了学院设置的大部分基础课程。考虑到自己始终不尽如人意的英语成绩，学生 J 将空出来的大部分课余时间都用在学习英语上，以期能够通过自己的勤奋来考取大学英语四级证书。

研究者在对学生 J 的自主学习环节进行观察时注意到，该生几乎每天都会去学校的图书馆上自习，而且绝大多数时间都用在学习英语上，其中主要以单词记忆、语法学习、大学英语四级真题练习三种方式来实现。学生 J 记忆单词的过程倾向于使用抄写手段，即通过对《大学英语》课本单词表上的词汇进行反复地抄写，从而熟练目标词汇的拼写；与此同时，学生 J 自己购买了《张道真大学英语语法》一书，试图通过研读该书来达到提高英语语法知识与阅读能力的目的；除此以外，大学英语四级真题是学生 J 学习英语的重要途径。学生 J 表示，自己为了厘清四级考试的相关知识，已经将近十年的大学英语四级考试题目翻阅研习数遍。研究者观察到，学生 J 所研习的真题试卷上密密麻麻地记满了相关知识点。

"大学（的学习方式）跟中学不一样，尤其是大二以后，课越来越少了，下课了有时候就没啥事干，得靠自己再学。……只要有时间，我课后一般会去图书馆上自习，每周大概能去个四、五次吧。……上自习还是看英语的时间最多，因为我四级还没过，挺发愁的，其他的专业课还是挺简单的。……我觉得英语单词和语法最重要，我自习的时候主要就背背单词，看看语法书。每次做题有好多单词都不认识，还有些词看起来挺眼熟，就是想不起来意思，你看我每次花很长时间背单词，光草纸都写了不知道多少，还是记不住；语法不行就看不懂阅读吧？所以我最近就专门买了本语法书，再认真看一看。……再就是做真题，可是真题只有十年的，我早就看了不知道多少遍了，有的答案都记住了，不知道咋回事还是过不了（大学英语四级）。"（20170613XJ，学生 J 访谈转写）

三 课余生活："越来越找不到自己了"

学生 J 就读的马克思主义学院少数民族生源数量较少，而人口数量本身就更小的东乡族生源仅学生 J 一人。由于饮食、文化、生活习惯等各方面的差异,学生 J 与班里的汉族同学来往较少。刚入校的第一学年,学生 J 除了自己去图书馆自习以外,几乎没有其他的课余活动。入校第二学年,随着大部分基础课程的顺利结课,课余时间越来越充裕的学生 J 作为一名少数民族学生,感受到了比汉族同学更多的孤独感。

"刚入校第一年课比较多,每天都忙着修学分、期末考试,感觉还挺充实的。后来课少了,我有时候感觉比较孤单。……我们学院就我一个东乡的,跟他们汉族同学的生活习惯不一样,比如吃饭啊啥的,都不方便,所以我也很少跟他们一起活动。后来他们有啥活动也不咋叫我了,我就老是没事干,只能去图书馆看看书啥的。"(20170619XJ,学生 J 访谈转写)

入校第二学年,学生 J 通过本校的一位东乡族学长了解到,自己的学校原来一直存在着一个与自己息息相关的社团群体——"临夏老乡会"。"临夏老乡会"的成员均为甘肃省临夏回族自治州生源,其中绝大多数成员为本校的回族同学,甚至还有不少东乡族的同学。通过参加"临夏老乡会"定期组织的各项活动,学生 J 的课余生活逐渐丰富起来。

信仰伊斯兰教的少数民族平时有阅读《古兰经》、周末"做礼拜"的民族传统习俗,但学生 J 为了自己的"大学梦",自初中开始就几乎没有参与过任何的"诵经"活动,自己在十多年前所学的那些浅显的阿拉伯语字母如今早已忘却。对此,学生 J 感到惶恐与惭愧:自己为了学业而放弃诵经,这在大部分东乡人眼里是不能够被允许的。对于自己的处境,学生 J 在其微信朋友圈感慨道:"世界仿佛给了我一条路,但铤而走险"。

　　令学生J感到安心的是,隔周四晚,在"临夏老乡会"中结识的东乡族、回族朋友会邀请学生J一起参与"民族读书会"。在此过程中,回族的高年级学长会与其他成员一起分享各自在近期阅读《古兰经》时所遇到的疑惑,如书中的阿拉伯语读音、相对应的经文解读等;每逢周末,学生J可与回族、东乡族的朋友一起前往学校附近的清真寺"做礼拜";更重要的是,学生J找到了与自己饮食习惯完全一致的伙伴,今后也可以与其他的汉族同学一样,在特定的时间与朋友们一起聚餐、聊天。逐渐丰富的课余生活使学生J自称终于找到了"组织"。

　　"大二的时候我通过东乡的学长,才知道原来我们学校有老乡会,里面大多数人都是回族,也有东乡的。我就赶紧加入了,可以跟他们一起念经、吃饭也有个伴了,不然我干啥都一个人感觉也挺无聊的……我们东乡人有宗教信仰,都要念经、做礼拜。但是我为了考大学,好多年都没去过(做礼拜)了,我妈和哥哥都不知道,不然肯定挨骂。……因为考大学、找到好工作那是我的私欲,不能为了私欲而不去念经……老乡会里认识的回族啊、东乡族同学,会组织读书会,(我)可以请教经文(古兰经),我好久不看,好多都忘了。周末也可以跟他们去清真寺做礼拜,平时也可以一起吃饭啥的,算是找到了组织。"(20170710XJ,学生J访谈转写)

　　老乡会的成员们大多数为本校的少数民族生源,通过预科或高考的少数民族优惠政策大学录取,其所学的专业多为该校的非师范类或"边缘"化专业,相关学院对本科生的培养要求较低,例如大学英语四级成绩只须达到三百多分即符合了本院的本科生毕业要求。与之不同的是，学生 J 目前所学的思想政治教育专业虽不是自己当初最理想的目标，但该专业却属于学校的师范类专业，对本科生的培养要求较高，尤其是对大学英语四级成绩的要求明显高于其他非师范类专业。与此同时，梦想做一名教师的学生 J 早就了解到，大学英语四级成绩的高低是日后能否成为一名教师的关键衡量标准。由此，好不容易找到"组织"的学生 J 出现顾虑：一方面，为了完成自己梦寐以求的学业、找到理想的工作，学生 J 必须要努力学习，完成学院既定的各项培养要求；另一方面，学生 J 作为一名东乡族学生，同样需要与自己生活习惯、宗教信仰等相符的朋友陪伴，需要更加丰富的课余生活。找到与自己饮食、生活习惯相符的朋友，缓解单调的课余生活固然是好，但"组织"中的伙伴们过于关注休闲娱乐活动，而懈怠学业的态度令学生 J 自称"越来越找不到自己了"。

"老乡会里的朋友们都是少数（民族），他们好多是通过预科或者高考加分进来（入校）的，上的专业都比较差，学校对他们的要求低，比如四级随便考个三百分就行了。……但是我这个专业还不行，我这个专业全名叫思想政治教育，是培养老师的，算是师范类专业。师大对师范类专业的要求比较高，而且我以后要当老师的话，必须要过四级啊，跟他们不一样。他们一天到晚就是出去玩、吃吃喝喝的，周末去做礼拜，好像干脆不咋学，我又不能跟他们一样就这么放开了玩。……问题是他们经常叫我，我如果老不去的话也不好，这样时间长了我就又脱离群众了，搞得跟原来一样。……反正现在感觉是越来越找不到自己了。"（20170710XJ，学生 J 访谈转写）

第六节 学生J的外语学习生活剖析

本章采用深度访谈、观察、线上交流等方法,对东乡族本科二年级学生学生J的家庭背景及求学经历进行了简要回顾,发现其在英语学习过程中,存在比较明显的英语学习焦虑情绪。根据Horwitz与Young(1991)对外语学习焦虑的界定与分类,学生J在其英语学习过程中表现出的焦虑情绪,可归为"考试焦虑"与"交际畏惧"两个类别。其中,学生J在其参加高考、大学英语四级考试过程中存在的"连续好几天晚上睡不着觉、心砰砰砰地跳"现象,可归属于考试焦虑;其在英语课堂上表现出"不敢说英语、怕同学们笑话"的心态,可归属于交际畏惧。

学习生活环境在空间上既包括受教育者的外部学习环境,如社会环境、自然环境,同时也包括受教育者自身的内部心理环境,如喜、怒、哀、乐、烦恼、焦虑等积极或消极的个人情绪。二者之间存在的互动关系如图6-3。在本节,研究者试图以学生

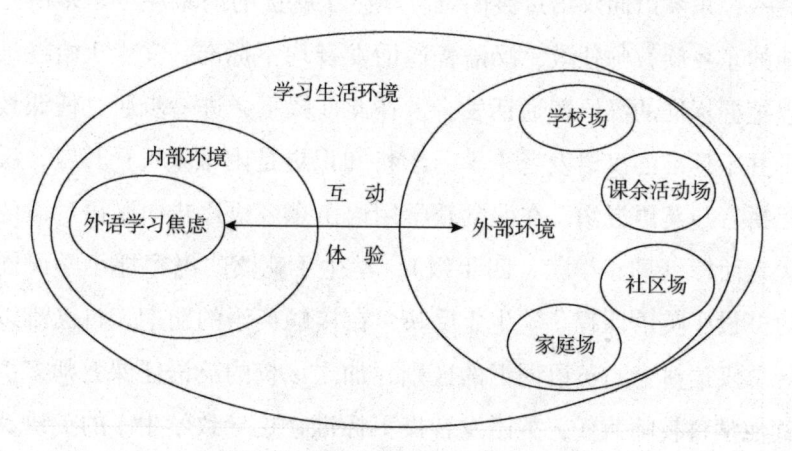

图6-3 学生J的学习生活分析框架

J 的学习生活为背景，将研究对象的学习生活按照场域的不同，划分为学校场、家庭场、社区场以及课余活动场四个方面，并分别从上述四个维度出发，剖析该个案研究对象产生英语学习焦虑的深层诱因。

一 学校场

从学生 J 的求学经历来看，学校场毫无疑问是其学习生活中最重要的场域之一，其中又包括课堂学习环境与自主学习环境。

七岁之前，学生 J 并未接受过任何形式的学前教育，其所在的东乡族自治县风山乡全民通用东乡语，这导致学生 J 直至接受初等教育时才开始正式接触汉语。初等教育阶段，学生 J 的就读学校采用东乡语向汉语逐渐过渡的双语教育模式，即在小学的低年级阶段，考虑到在校学生仍未充分适应汉语教学，该校采用的课堂教学用语以东乡语为主；待学生逐渐熟悉汉语以后，该校在小学高年级阶段再将课堂教学用语逐步过渡为汉语。

然而，受当地师资力量、教学设施、学生 J 自身所处的语言环境等因素所限，学生 J 在其初等教育阶段主要面临两大困境：其一，东乡语向汉语过渡困难。学生 J 就读的冯家坪小学多由当地的东乡族教师任教，汉语普通话发音均不标准，学生 J 始终难以把握标准的汉语普通话发音。在此前提下，进一步通过任课教师并不标准的汉语发音来学习学科知识更是困难重重；其二，汉语拼音与英语混淆。在课堂教学用语由东乡语逐步向汉语过渡的关键阶段（即小学三、四年级），学生 J 就读的冯家坪小学又同时开设了英语课程。学生 J 反映，在接触英语的初期，自己难以区分汉语拼音与英语词汇的区别，加之该校的英语任课教师多由其他学科教师兼任，英语发音极不标准，这导致学生 J 的英语课程"越上越糊涂"。

学生 J 汉语发音不标准、汉语拼音与英语发音混淆的问题缘起于初等教育，却在随后的中学教育与本科教育阶段非但没有缓解，反而加重了学生 J 的心理负担：中学阶段与本科阶段的学生 J 远离家乡，汉语普通话的使用范围远远高于东乡族自治县的山区，不论是在课堂教学环节还是课余生活当中，汉语普通话成为日常交流的主要语言。在此背景下，学生 J 畏惧使用自己并不熟悉的汉语与任课教师、同班同学们交流，这导致学生 J 在校园环境中逐渐被边缘化，不得不依靠自己课后勤加努力才能勉强完成学习任务。然而，研究者通过对学生 J 的课后自主学习进行观察后发现，研究对象的英语学习策略较为机械：依靠反复抄写英语单词、研读语法书籍、练习真题的方式，以图顺利通过大学英语四级考试。

通过对学校场的分析可见，首先，学生 J 在其英语学习过程中所产生的交际畏惧现象可追溯至小学双语教育模式中东乡语——汉语——英语的过渡阶段，上述三种语言的不成功过渡导致学生 J 的汉语发音不标准、汉语拼音与英语词汇混淆，又难以与英语任课教师交流，严重影响到学生 J 在中学、大学阶段的英语学习效果；其次，学生 J 学习英语的主要动机为考取重点大学、通过大学英语四级考试，即是以考试为主要目的的工具性动机。然而，学生 J 相对机械的学习策略令其虽然花费了巨大的时间与精力温习，但英语学习效果较差，始终难以满足其考取高分的学习动机，这导致学生 J 每临考试便心理负担过重，对自己的能力产生怀疑，进而出现考试焦虑。

二 家庭场

家庭并未给学生 J 提供足够的汉语与英语学习环境，甚至在某些程度上对学生 J 的英语学习起到一定的消极作用。

首先，学生 J 的家庭成员使用东乡语作为日常交流用语，无法为其学习汉语、英语提供必要的语言环境。学生 J 的家乡东乡族自治县风山乡基础教育薄弱，就读小学之前，学生 J 并未接受幼儿园、学前班等形式的学前教育，在日常生活中使用东乡语与家长交流，直至小学阶段才开始正式接触汉语。然而，对于学生 J 来讲，在学校中（尤其是小学三年级以前）所接触的汉语使用范围极其有限，仅作为教学目的语使用于课堂学习环节中，并未在其日常生活中作为交流用语。家庭内部通用东乡语的情境并不能够为学生 J 学习汉语提供足够的语言环境，这可能是导致学生 J 汉语学习效率低下的原因之一。小学高年级阶段，包括英语在内的其他学科开始将汉语作为课堂教学用语，学生 J 本不扎实的汉语能力又间接影响到其他学科的学习效果。当父亲病逝、两位哥哥辍学外出务工后，学生 J 除完成繁重的课业任务之外，还须帮助母亲承担一定的家务与农活，致使学生 J 的课后温习时间大大减少，越发难以应对"越学越糊涂"的英语课程。

除此以外，东乡族全民信仰伊斯兰教，阿拉伯语在其文化中占据较高的地位。相对于"越学越糊涂"的英语，学生 J 的家庭成员更希望学生 J 致力于学习阿拉伯语。在家人眼中，"懂得阿拉伯语"、"会念《古兰经》"的爷爷是家中的"文化人"。学生 J 在接受正式的学校教育之前，就已经通过爷爷讲述的《古兰经》了解了不少宗教故事与阿拉伯语基本发音。高考失利后，学生 J 的母亲曾劝说学生 J 放弃复读，返回家乡跟随当地的阿訇学习阿拉伯语。在学生 J 的母亲看来，学习英语仅是为了考取大学而不得不面对的一门课程，除了考试需求以外，并无其他实用价值；而阿拉伯语是成为一名阿訇的必备素质，既然学生 J 花费了如此多的时间与精力仍然无法考上大学，倒不如放弃学习英语，转而学习阿拉伯语。待阿拉伯语、《古兰经》学成之后，未来的学生 J

或许可成为一名阿訇,这样既受当地居民的尊敬,又可获取一定的经济收入。

综上可见,使用东乡语作为日常交流用语的家庭语言环境难以为学生J提供必要的汉语学习环境,致使学生J的汉语学习效果低下,间接导致了学生J在日后的学习生活中畏惧使用汉语与任课教师交流、课堂上畏惧使用英语回答问题等现象。此外,作为传统的东乡族家庭,学生J的家庭成员对阿拉伯语态度更加积极,认为学习阿拉伯语既能够受到族群的尊敬,又具备一定的经济效应,而学习英语并无实用价值。这令志在考取重点大学、甚至为了争取更多的学习时间而瞒着家人放弃"做礼拜"的学生J背负了更重的精神压力,是学生J产生考试焦虑的潜在影响因素之一。

三 社区场

社区环境能够较真实地反应出某亚文化群体、尤其是少数民族群体的语言使用、文化认同、民俗传统等。在本书中,研究者将目标研究对象的社区环境视为分析其学习生活的重要维度之一。

首先,以东乡语作为主要日常交流用语的社区语言环境,使学生J学习汉语起步较晚、缺乏足够的汉语使用环境,这是导致学生J在其初等教育阶段出现东乡语——汉语过渡困难的重要影响因素之一,同时也间接影响到了研究对象随后的英语学习效果。学生J的家乡所在地——甘肃省东乡族自治县风山乡地处东乡族自治县的山区,地理、交通环境相对闭塞,人口流动性较低,几乎很少有汉族人来往该地。风山乡的绝大多数人口均为东乡族,东乡语是该地的主要日常交流用语。因此,学生J在日常生活中几乎很难接触到汉语,收音机、零食包装袋、报纸等是学生J接触汉语的唯一途径。风山乡基础教育薄弱,学生J在接受初等教育前并未接受过任何形式的学前教育，这就意味着学生 J 直至进入小学才开始正式接触、学习汉语。此外，风山乡全民通用东乡语的社区语言环境，使学生 J 在课堂中所学的汉语使用范围极其有限。尤其是小学三年级以前，汉语仅作为《语文》课程的教学目的语存在于课堂中，东乡语仍然是学生 J 课间、课后在社区内部所使用的最主要语言。

其次，从学生 J 的教育经历来看，尽管学生 J 为了求学而辗转各地，但其所处的社区人员构成始终是以信仰伊斯兰教的东乡族、回族为主，相对于疲于应付的英语课程，象征着穆斯林文化的阿拉伯语在其社区成员心中具有更重要地位。以学生 J 就读的高中所在地——临夏回族自治州临夏市为例，该地是临夏回族自治州的政治、经济、文化中心，信仰伊斯兰教的回族、东乡族等少数民族占临夏市总人口的 50% 以上，临夏市街头随处可见带有阿、汉双语的广告标牌（如图 6-4）。每逢周末，学生 J 的高中同学有前往附近清真寺"做礼拜"的习惯，而学生 J 却为争取更多的学习时间而放弃与同学们同去"做礼拜"。由此，自认为"变得越来越内向"的小 J 逐渐被社区内的其他成员边缘化。进入大学以后，学生 J 由于饮食、文化等原因迟迟无法融入到周围汉族同学的生活当中，直到结识"临夏老乡会"中的少数民族同学，学生 J 的课余生活才逐渐开始丰富。然而，老乡会的成员们过于关注休闲娱乐活动而懈怠学业的态度令学生 J 再次陷入两难境地：一方面，为了顺利完成学业，学生 J 必须努力学习，通过大学英语四级考试；另一方面，为了长久维系与自己生活习惯、宗教信仰相符的关系网，防止再次被新的社区成员边缘化，学生 J 须经常参与自己早已生疏的宗教活动。如此的两难境地令学生 J 自称"越来越找不到自己"了。

总之，从学生 J 的求学经历与学习体验来看，东乡语占据主

图6-4 临夏市街头的阿、汉双语标牌

导地位的社区语言环境导致了学生 J 汉语学习起步较晚、汉语使用环境匮乏,直接影响到了学生 J 的英、汉语学习效率;学生 J 所处社区的成员过于关注宗教活动而懈怠学业的态度与学生 J 勤奋努力的学习态度格格不入,致使研究对象长期处于相对孤独的学习环境,缺乏与周围同学的交流,这可能是学生 J 出现交际畏惧的潜在影响因素之一。

四 课余生活场

作为一名信仰伊斯兰教的东乡族学生,民族宗教活动是学生 J 课余生活的重要组成部分。从学生 J 的求学经历来看,其对民族宗教活动的态度大致经历了期盼——放弃——被动再接受的过程。

小学阶段,民族宗教活动是学生 J 缓解枯燥的学业、与小伙伴一起玩耍的重要途径。学生 J 所在的东乡族自治县风山乡绝大多数人口均为东乡族,全民信仰伊斯兰教。每逢周末,村中的男性东乡族居民均有前往附近清真寺"做礼拜"的习惯。在此情境下,学生 J 在接受初等教育之前就已经接触了不少的伊斯兰教规与《古兰经》相关内容。小学阶段的课余时间较充裕,学生 J 除完成学校既定的课程安排以外,通过自己的爷爷或周末的"做礼拜"活动,接触了不少《古兰经》中的人物事迹,甚至习得了一些浅显的阿拉伯语词汇。学生J认为,与村中的其他小伙伴们一起参加周末"做礼拜"是一种休闲活动,能够使枯燥乏味的学习生活变得"热闹"起来。可见,小学阶段的学生J对民族宗教活动持期盼态度,希望能够借"做礼拜"的机会与小伙伴们聚在一起玩耍。

中学时期,"越学越糊涂"的学生J励志考取重点大学。为了弥补小学阶段落下的课程知识,学生J每日刻苦学习,甚至瞒着自己的家人放弃周末的"礼拜"时间来温习学业知识,这造成学生J在周围回族、东乡族同学的眼里成为"另类"。由此,学生J与其他同学的交流逐渐减少,在学习生活中逐渐被边缘化,课余生活相对单调,每天除了自主学习外,几乎不参与其他课余活动。

进入大学的学生J课余时间骤然增多,但由于饮食、文化等差异,学生J始终难以融入汉族同学的生活当中。为丰富课余生活、缓解日益显现的孤独感,学生J通过"老乡会"结识了不少回族、东乡族朋友。"老乡会"成员的各项活动仍是以"做礼拜"、读《古兰经》等民族宗教活动为主,学生J为了长久维系与自己生活习惯、宗教信仰相符的关系网,防止再次被新的社区成员边缘化,学生J开始被动接受自己早已生疏的宗教活动。

语言与文化之间具备着千丝万缕的联系,语言是文化的重要表征方式之一。对于信仰伊斯兰文化的东乡族而言,阿拉伯语在该族群当中占据十分重要的地位。与之相比,英语对于大多数东乡族学生来讲,仅是各类考试、各级学业的组成部分。因此从某种程度上,阿拉伯语对于东乡族学生来讲具备更强的认同感。作为一名东乡族学生,学生J在中学时期为了更加"功利"的英语而放弃"做礼拜",极易被族群的其他成员边缘化。缺乏与周围同学的交流,加之自己并未从文化上真正认同英语,致使英语表达能力成为学生J学习英语过程中的瓶颈,这可能是学生J产生交际畏惧的原因之一。

第七章　迷茫的奔波者——学生L

本书选定的第二位研究对象为学生L，男性，今年十九岁，系西北某民族大学历史学专业的一名某大学二年级东乡族本科生。

2017年6月，研究者在对西北民族大学历史学专业的大学二年级《大学英语》课程进行课堂观察环节时，第一次接触到学生L。研究者注意到，被观察班级的男生人数较少，约占全班人数的三分之一。该班的绝大多数男生在《大学英语》课堂上均聚集在教室的后排，并有一大部分男生表现出对英语课程的厌烦情绪：上课开小差、玩手机游戏的人数较多。与其他男生不同的是，坐在教室最后一排角落位置的学生L虽看起来十分不起眼，距离任课教师较远，但他却似乎没有受到周围其他男生的影响，较专注地聆听着英语任课教师的讲解，并时不时地记录着课文的重、难点知识。

研究者通过负责该班级的班主任教师了解到，学校的绝大多数生源为甘肃、青海、新疆、宁夏等周边省份的少数民族，生源的英语基础普遍较差，对学习英语存在较明显的厌倦情绪。历史学专业为该校的优势学科，学生的素质相对较高，但男生的英语基础仍然较差。相比之下，学生L是班里男生当中英语学习较认真、学习态度较端正的学生之一。但不知为何，平时英语学习相对积极的学生 L 至今仍未参加过任何一次大学英语四级考试，这令班主任有点担心，毕竟大学英语四级成绩是与学生的毕业息息相关的。

"我们学校的学生大多是甘肃、青海、宁夏、新疆这些省内或者周边省份的少数民族生源，（学生的）英语基础较差，大多数人也不爱学英语。女生还稍微好点，上课能认真听、能跟任课教师产生互动；男生们大多数都不学英语，坐在教室后面开小差。……小 L 相比之下是比较好的，上课听讲比较认真，平时表现也挺好的，最起码学习态度让人觉得放心。……唯一让我担心的是，小 L 到现在为止还没有参加过英语四级，班里其他学的比他差的同学都参加了好几次了。不管过不过，最起码要敢于尝试啊，毕竟四级成绩跟毕业是挂钩的。……我也劝了他好几次，让他抓紧报名考试去，但他就是不愿意。这孩子平时挺认真的，不知道为啥胆子这么小……。"（20170603XLJS，学生 L 班主任访谈转写）

第一节　学前生活

学生 L 出生于东乡族自治县沿岭乡，父母均为建筑工人，常年外出务工，学生 L 与哥哥自小由爷爷奶奶照看长大，直至初中毕业、父母事业稳定之后，学生 L 才前往父母的工作所在地——甘肃省玉门市就读高中。

学生 L 的家乡沿岭乡是距离东乡族自治县县城较近的乡镇之

一，该乡的乡政府所在地距东乡县城仅约10公里路程。然而，沿岭乡地处东乡族自治县的山区，该地的居民即便搭乘轿车，仍须四、五十分钟以上的车程才可通过这10公里崎岖的山路、到达东乡县城。东乡族自治县沿岭乡（如图7-1）辖区面积约36平方公里，人口约5000人，其中绝大多数人口均为东乡族。山路延绵的沿岭乡交通闭塞，外来人口较少，当地居民在生活中通用东乡语作为日常交流用语，几乎很少接触汉语。由于沿岭乡的绝大多数居民均为东乡族，全民信仰伊斯兰教，每逢周末或伊斯兰节日，当地居民有前往附近清真寺、"拱北"等场所进行宗教礼拜的风俗习惯，因此，不少当地居民对《古兰经》中的阿拉伯语有一定的接触。

图7-1 沿岭乡鸟瞰图

学生L的家住在沿岭乡山谷的最深处，十多年前，沿岭乡还未开设幼儿园、学前班等形式的学前教育，学生L与哥哥除了在家正常作息、饮食以外，多在家附近的河谷与邻居小伙伴一起玩耍。

周末是学生L最为期待的日子。学生L的家（如图7-2）位于河谷深处，交通闭塞，平时来往的村民稀少。但庆幸的是，河谷深处是山路延绵的沿岭乡地理空间较大的区域，这里相对空旷、平缓的地理环境为沿岭乡的居民们周末做礼拜提供了良好的客观条件。由此，距学生 L 的家不远处，便有一座全村最大的清真寺。每至周末，周边的居民们多会前往该清真寺进行宗教礼拜活动，平时人烟稀少的河谷每逢此刻便热闹非凡，学生 L 可以与周边的居民们一起参加宗教礼拜活动，单调的生活每至周末才显得格外丰富多彩。

图 7-2　位于河谷深处的学生 L 家

"我们村子的路都是山路，比较窄，没有地方建清真寺。我家住在山的最里面、在山脚下，平时没什么人，但是山脚下的路比较宽敞啊，所以清真寺就修在我家附近，每到周末就热闹了，基本上全村的人都要来我们家这里，有的人还要走四、五十分钟的路。……那个时候村里也没有幼儿园，我们就没机会上幼儿园、学前班。所以平时（我）也没啥事情干，就在河边玩一玩，在家吃饭、睡觉。我们就盼着周末，每到周末就热闹了，我跟哥哥就跟着村里人一起念经去，这算是上学之前最有意思的事情了。"（20170609XL，学生 L 访谈转写）

由于父母长期外出务工，学生 L 由赋闲在家的爷爷、奶奶照料。为了能够更好地适应周末的"诵经"、礼拜活动，爷爷时常会给学生 L 和他的哥哥讲授《古兰经》中的人物传记、相关内容的阿拉伯语发音等。学生 L 认为，爷爷在学前阶段对其讲授的《古兰经》知识主要在于两种用途：其一，理解《古兰经》当中的相关知识，是了解东乡民族文化传统的重要途径之一；其二，《古兰经》知识的掌握程度，是东乡族内部身份地位的衡量标准之一。对于信仰伊斯兰教的东乡族来讲，如果难以掌握《古兰经》当中的相关知识，就难以完成正常的周末礼拜活动，甚至难以融入到族群内的正常交往当中。

"除了周末和朋友一起去清真寺"念经"以外，我爷爷平时也会教我《古兰经》里面的知识。……我们东乡人都觉得，《古兰经》里面讲的内容不是故事，是知识。（因为）《古兰经》念的好，说明你是一个有文化的人，会受到别人的尊敬，而且我们东乡的很多民俗文化都是源于《古兰经》的。更重要的是，可以跟得上阿訇的讲经，不然周末"念经"去就跟不上了。"念经"如果跟不上，那你就不能算是合格的东乡人。……那时候又没上学，平时也没啥事干，爷爷就给我讲一讲《古兰经》知识，比如一些教规，还有阿拉伯语发音等等。"（20170609XL，学生 L 访谈转写）

第二节 "永远在路上"的小学教育

2003 年，为响应政府九年义务教育的号召，已留守家中 6 年的学生 L 正式开始了自己的学习生涯。当时，学生 L 所就读的东乡县和平学校是沿岭乡唯一的小学，考虑到周边地区所有生源的分布状况，东乡县和平学校（如图 7-3，经涉及人员允许后拍摄）修建在沿岭乡通往各村落、各山谷的山路交汇处，以便该校的所有学生尽可能花费等量的时间往返学校。然而，政府对建校地址的周全考虑仍然难以满足学生 L 及其周边邻居的家庭状况：由于学生 L 家位于沿岭乡的山谷深处，学生 L 须翻越两座大山才可到达小学的所在地。除此以外，山路延绵的沿岭乡道路狭窄、崎岖，至今仍无营运班车或公交车通行（如图 7-4）。十几年前，村中居民只能依靠步行数小时才能翻过高山，到达通往县城的省道。在此背景下，年仅六岁的学生 L 不得不每天背着书包步行约 1.5 小时，前往东乡县和平学校接受初等教育。

图 7-3　东乡县和平小学

"小学盖（建）的太远了，那个时候要响应政府号召，就是那个九年义务教育嘛，我们就让小 L 去上学了。其实那么小的娃，背上书包根本走不到学校去啊。……政府考虑的是让周边的娃上学去（路程）都差不多，学校盖在了交通方便的地方。问题是我们家住的远，娃上个学要走一、两个小时啊，得亏是个男娃，要是个女娃，六、七岁的年纪，再背上书包，哪里能走这么远的路。……你看看，我们这里到现在路还这么窄、又不通车，十几年前的路还不如现在，我们出去只能是走路，不可能有车坐。那个时候我们小 L 就是走路一、两个小时上学去，还要背个大书包，辛苦的很呢。"（20170620XLM，学生 L 母亲访谈转写）

图 7-4 狭窄、崎岖的沿岭乡山路

面对沿岭乡生源日常生活中通用东乡语、缺乏接触汉语机会的现实状况，和平小学实施由东乡语向汉语逐渐过渡的双语教育模式。小学三年级以前，和平小学各学科的课堂教学用语以东乡语为主，汉语仅作为一门课程独立存在于《语文》课堂中。小学三年级以后，待学生掌握一定的汉语基础，各学科的课堂教学用语再逐渐转换为汉语。在此双语教育模式下，学生 L 对自己小学前三年的学业游刃有余：虽然每天须耗费两、三小时往返学校，但学生 L 能够与邻居的朋友们结伴同行，在学校又能与更多的同龄小伙伴一起玩耍、学习，且学校的课业压力又不是很重，学生

L 认为自己小学三年级以前的学习生活丰富多彩。

然而，小学三年级以后，随着学校课堂教学用语的转变、英语课程的开设，越来越繁重的课业压力令学生 L 逐渐开始感到迷茫。首先，和平小学的绝大多数教师均为当地的东乡族，其在生活中多使用东乡语作为日常交流用语，汉语使用率极低、汉语发音并不标准。然而在课堂教学环节，教师们须按照学校的规定，使用自己并不熟练的汉语讲授学科知识，这使得汉语水平较差的学生们在课堂中越发难以理解学科知识。其次，新接触的英语不论从词汇层面还是句法层面，均与学生 L 已经熟练掌握的母语——东乡语格格不入。例如英语课程中，面对诸如 coffee、Juice、crocodile 等在东乡语中并不存在的陌生词汇，学生 L 只能借助目标词汇后所缀的汉语来死记硬背；东乡语的基本语序为 SOV 结构，即宾语在谓语之前（罗莉，2015），这却与新接触的英语 SVO 句式大相径庭，令学生 L 的英语学习过程越发迷茫。除此以外，逐渐繁重的课业压力同样意味着更多的家庭作业。每天完成学校即定的课程后，学生 L 还须背着越来越沉重的书包"翻山越岭"、回家完成作业，而自己的辛劳努力却换来一次又一次令人失望的成绩单，这令学生 L 对自己的学业感到茫然不知所措。

> "刚上学的时候感觉还挺新鲜的，（我）可以跟邻居们一起上学去。（虽然）路程比较远，但我们人多，一起边玩边走，也挺好的，而且学校里学的东西也不难，我们一天玩的还挺高兴。不过三年级以后，学校老师开始用汉语上课了。问题是他们的汉语也不标准，我们的汉语水平也不行，有时候上课都互相听不懂，他们讲的啥我们也反应不过来。……尤其是英语课，三年级以后就有英语课了，英语课本里的单

词好多我都不知道是啥,比如'咖啡'什么的,我很多年以后才见过(咖啡)啊,我们东乡话里面根本就没有'咖啡'这个词。……还有顺序问题,英语跟汉语一样,比如'我吃饭了',但我们东乡话是'我饭吃了',顺序不一样啊,那个时候根本就是越学越糊涂。……再加上作业越来越多了,上完课已经很累了,背着大书包回家走一、两个小时,再写作业。关键那么努力了也没学会,尤其是英语成绩越来越差。我当时就不知道上学到底是为啥,感觉就是为了吃苦。……每天不是上学就是在上学的路上。"(20170609XL,学生L访谈转写)

第三节 "上与没上一个样"的中学生活

2009年9月,学生L升入距家约十几公里远的东乡县民族中学就读初中。东乡县民族中学位于东乡族自治县的县城,是一所具备寄宿条件的临夏州教育示范学校。顺利结束小学六年的"长途跋涉",在新的学校"足不出户"便能够完成学业、饮食起居的学生L感受到了来之不易的安逸。相对于初中更加繁重的学业任务,学生L认为就读小学的六年来,自己每天身心俱疲、背着沉重的书包走在上学的路上才是真正的辛劳。

除了更舒适的学习环境,县城里更加丰富多彩的课余活动也使学生L十分享受这里的学习生活。与处于沿岭乡山谷中的家乡相比,东乡族自治县县城交通便利,是整个东乡县的经济、文化中心(如图7-5)。位于县城的东乡县民族中学招收的绝大多数学生均为东乡县及其周边的东乡族、回族生源,与学生L的饮食习惯、宗教信仰相似。课余时间,学生 L 能够与同学们一起在东乡族自治县的县城中游逛、玩耍;每逢周末,学生 L 还能够参与县城中更具规模的宗教礼拜活动。由此,学生 L 认为,县城里丰富的课余生活为自己增长了不少见识。

图 7-5　伊斯兰文化浓郁的东乡县街道

"我感觉初中还是挺轻松的,(虽然)学校里的学习任务肯定更重,问题是我不用再走路了啊,每天早上起来的迟,吃完饭就直接进教室了,这放到以前根本就不敢想。以前我光上学、放学走路都要一、两个小时呢。……反正我感觉还是比较轻松的,关键是在县城里还涨了不少见识。(因为)中学在县城里,每天特别热闹。我跟同学们下课了就去县城里逛逛,周末还能去县里做礼拜。……县里的阿訇水平肯定更高啊,我能学更多的知识,认识更多的人,比如我现在的阿拉伯语,就是当时在县城里学的,到现在还记着呢。"(20170609XL,学生 L 访谈转写)

相对于丰富多彩的课余生活,学生 L 在校的学习成绩则并不尽如人意。其中，英语始终是学生 L 在初中学习中最薄弱的环节。东乡县民族中学虽为临夏州的教育示范学校，但教学设施、师资力量、生源质量等与临夏回族自治州的其他县区有很大差距。据学生 L 回忆，自己上初中时，学校的多媒体设备仍未普及，英语教师多采用"语法——翻译法"等传统教学方法，英语课以翻译句子、督促学生完成相关练习题为主要的课堂教学内容。学生 L 表示，初中的英语教师们几乎从未在课堂中使用过英语，甚至课文讲解过程中也很少为学生领读课文，加之学校当时还没有条件进行多媒体教学，因此英语听力、口语方面的教学内容在整个的初中学习过程中几乎完全被忽略。此外，班里的学生们几乎均为周边乡镇的少数民族学生，英语基础薄弱，上课难以跟上正常的教学进度，课后最主要的英语学习方式即为机械地记忆课本中的单词，学习效果极差。

"（我）初中时候学习其实不咋样。（虽然）课后玩的挺高兴的，但一上课就不行了。……英语对我来说是最难的。我感觉我们英语老师的水平都不行，上课就是把课文给我们翻译成汉语，再就是让我们做题。上课一点意思都没有啊，我们有时候就睡着了。……听力和口语（教学）根本就不存在，那个时候也没有多媒体什么的，听到的英语就是老师们念课本，有时候他们也念不清楚，就不念了，直接翻译成汉语。口语更没有了，没人说英语啊。而且我们班里都是少数（民族），都是农村里来的人嘛，英语都不行，我们上课也听不懂，下课就背背单词，其实也记不住多少。"（20170609XL，学生 L 访谈转写）

除了对教学设施、英语师资力量流露出不满以外，学生 L 认为，自己身边的绝大多数同学们表现出英语学习动机不明确的现

第七章 迷茫的奔波者——学生L

象。东乡县民族中学的生源多由东乡县及其周边的东乡族、回族学生构成,信仰伊斯兰教,其在课余的"诵经"、"做礼拜"过程中,通过《古兰经》或多或少地接触了一些阿拉伯语知识。由此,学生L及其身边的东乡族同学们在学习生活中主要接触四种语言:东乡语、汉语、英语与阿拉伯语。谈及对上述四个语种的态度,学生L表示,东乡语是东乡族群的母语,承载着大量的东乡族文化传统,也是东乡族间的日常交流用语。除了上课以外,学生L与其他东乡族同学仍然使用东乡语进行交流;汉语是东乡族的第二语言,是东乡族与外界其他民族交流的唯一工具。学生L认为,懂得汉语、能够与外界交流的东乡人会有更光明的"前途",毕竟汉语是以后找工作、经商的最基本素质;阿拉伯语是东乡族、回族诵读《古兰经》的最重要途径,懂得更多的阿拉伯语就意味着对伊斯兰教义的理解更为深刻,同时也意味着能够受到族人的更多尊敬。此外,熟练掌握阿拉伯语可以为东乡族人带来比较实际的经济效应:一方面,部分东乡族人有前往西亚阿拉伯国家做进、出口贸易的习惯,掌握一定的阿拉伯语是贸易双方进行商业会谈的基本要求;另一方面,懂得更多的阿拉伯语能够更深刻地理解《古兰经》中的相关内容,这是日后成为一名阿訇的必备条件,而成为当地的一名阿訇,既能够受到当地族人的尊敬,又可获取一定的经济收入。相对于东乡语、汉语以及阿拉伯语的积极态度,学生L与其周围的同学们对学习英语的动机尚不明确。研究对象认为,中考、高考都要求考英语,因此英语是中学阶段最重要的课程之一,不论学生愿不愿意学英语,都一定要"硬着头皮去学",不然以后考不上大学,自己"辛苦这么多年就白费劲了"。由此可见,在学生L看来,英语仅为中学教育当中的一门课程,除了应付考试以外,学生L并不清楚学习英语是否还有其他用途。

"东乡语是我们东乡人的母语,我除了上课以外,其他时间都用东乡语,我们民族的传统文化都在里面,(所以东乡语)当然是最重要的。……汉语当然也很重要,我们东乡语只能在东乡(县)使用,其他地方都用汉语啊,以后工作了肯定要用汉语,总不能一直待在东乡(县)不出去吧。即便不工作,那做点小生意也得用汉语啊,比如临夏、兰州啊这些繁华的地方,不会汉语哪来的前途。……我们东乡人,还有回族,都信仰伊斯兰教,读《古兰经》。《古兰经》是用阿拉伯语写的啊,所以我们多少都认识点阿拉伯语,有的人读得好、看得懂,就有可能成阿訇,阿訇可就了不得了,又能赚钱,地位也比较高。阿拉伯语学好了也可以去那些阿拉伯国家做生意啊,也可以赚钱,我们村就有人去那边(阿拉伯国家)做生意。……英语我就不知道了,我感觉就是考试,没有别的什么用处,而且又那么难,学半天也学不会啊。(英语)老是拖后腿的,(因为)考试要看总分,就算其他课学得再好,英语不行的话,辛苦这么多年就白费了,所以只能硬着头皮学。"(20170620XL,学生L访谈转写)

虽然学生L的家乡所在地与东乡县民族中学仅十几公里路程,但由于家乡交通不便,加之自己的父母长期外出务工,学生L在初中阶段的绝大多数时光均寄宿于学校之中。为能够更周全地照料小L的饮食起居,监督其更好地完成学习任务,2012年,学生L的父母决定将小L及其哥哥转入自己的工作所在地——甘肃省玉门市就读高中。甘肃省玉门市位于河西走廊西部,是甘肃省酒泉市下属的县级市。与东乡县相比,玉门市的教育、生活条件无疑更加优厚。然而,自小在少数民族地区长大的学生L却难以适应玉门市的高中学习生活。

第七章 迷茫的奔波者——学生L

甘肃省玉门市的人口构成中,汉族毫无疑问占据主导地位。学生L所就读的玉门市第一中学中,绝大多数生源也均为汉族。在玉门市第一中学学习、寄宿,学生L初次感受到了自己的"少数民族"身份。首先,饮食问题是学生L所面临的第一道难题。虽然玉门市第一中学的餐厅为少数民族学生提供了清真饮食窗口,但由于该校的少数民族生源比例较小,可供学生选择的菜品数量有限,且更新频率极低。在此情况下,厌倦了每日食用同种菜品的学生L不得不申请在校外用餐;其次,自小在农村长大的学生L与玉门市漫长的"夜生活"格格不入。来玉门市以前,学生L下课后除了温习功课、与同学聊天以外,再无其他课余活动,每晚约十点左右就休息了。然而,玉门市第二中学的同学们每天下课除温习功课外,夜晚有在宿舍打扑克牌、玩电脑游戏的习惯。每晚当学生L已经困乏、即将进入梦乡的时候,自己的舍友们仍在有说有笑地进行着各类休闲娱乐活动;最后,信仰伊斯兰教的学生L与玉门市同学们的课余爱好有很大不同。每逢周末,当身边的小伙伴们均相约去玩电脑游戏、踢足球、看电影时,信仰伊斯兰教的学生L却须独自一人前往学校附近的清真寺"做礼拜"。学生L表示,自己从小在农村长大,以前从未接触过电脑游戏、足球、电影等娱乐活动,每逢周末除了去"做礼拜"以外,再无其他课余爱好,很难与高中的同学们打成一片。在此情形下,饮食、日常作息、课余活动等方面均"与众不同"的学生L开始成为周围同学眼中的异类,高中三年来,学生L逐渐习惯了在校园中独来独往。

"原来我在东乡的时候,也没有感受到啥是所谓的少数民族,到玉门去了才感受到了。……比如吃饭问题,学校里的清真食堂就是一个小窗口,每天就是牛肉面,我都吃吐了,但是其他同学们都能选好多吃的,我没办法了就只能到(学校)外面吃;还有睡觉习惯不一样,玉门的人晚上睡得晚、很能玩啊。我在东乡待习惯了,晚上看看书、跟同学们谝一谝(聊天),差不多十点就睡了。但是玉门的同学们晚上睡得晚,弄得我们互相影响:他们弄得我晚上也睡不成,我睡觉也影响他们打牌、玩游戏;还有就是周末,我得做礼拜去,他们玩的好,什么踢足球、看电影、去网吧啊,这些我以前都没玩过,也没办法跟他们一起玩,所以时间长了他们就不爱叫我了,我一个人有时候连个说话的人都没有,干什么事都是一个人,也挺没意思的。"(20170913XL,学生L访谈转写)

除了在饮食、起居、课余活动等方面难以融入新环境外,学生L还发现玉门市与东乡县学校的教学设施、教学模式存在着明显的差异。在玉门市第一中学里,多媒体设施早已成为各科教师上课的必备工具。然而,多媒体教学设施虽能吸引学生的注意力、令课堂教学更加丰富多彩,但更加丰富的教学课件同时也意味着教学内容的增加。以英语课堂为例,上课时眼看着一幅幅"眼花缭乱"的PPT,聆听着一句句自己虽然已经学了六年,却从未真正关注过的英语原声电影、听力材料,学生L突然发现,高中英语课堂中所要掌握的知识量远远高于从前,自己须在课后花费更多的精力才能理解一张张在课堂中看似精彩的PPT。除此以外,玉门市第一中学的英语教师更加关注学生的英语交际能力。英语课堂中,教师倾向于通过对学生频繁地提问、要求学生完成英语对话等途径,来实现对教学内容的阐释。然而,从小接受"语法——翻译法"教学模式的学生L从未开口讲过英语,甚至很少有机会聆听真正的英语原声听力材料。在高中英语课堂中，学生 L 时常难以及时理解教师的课堂教学用语，也几乎无法使用英语回答教师的课堂提问。长久以往，英语教师开始逐渐对学生 L 的英语学习失去信心，几乎不会再对其 L 进行课堂提问。

"到了玉门我才发现，东乡的教学水平确实比较弱。我原来就没见过 PPT 啊什么的，然后在玉门，老师们基本上都在用（多媒体设备）。……英语老师经常给我们放听力、有时候也放放电影。……这种 PPT 也好也不好，上课的时候比较有意思，让人眼花缭乱的，但是有了 PPT 上课的量就增加了啊。比如原来，老师们往黑板上写字的时候最起码能缓口气吧，现在就是一张一张 PPT 放，内容肯定多了啊，上课速度就快了，然后我下课就得自己看更多的内容。……还有教学方法也不一样。原来我们老师就是翻译课文，把汉语意思给我们讲清楚就行了，课文都很少读。玉门不一样了，老师们爱提问、上课用英语。我原来听的少，老师们讲的啥我反应不过来，她提问让我用英语回答，我也说不上来。后来感觉老师也对我没信心了，就很少叫我回答问题了。"（20170913XL，学生 L 访谈转写）

高中三年来，学生 L 不仅在英语课堂中难以紧跟正常的教学进度，被英语教师所忽略；而且由于饮食、风俗习惯的不同，始终难以融入身边汉族同学的课余生活当中。由此，学生 L 开始对自己远赴玉门求学的初衷产生怀疑：自己如此奔波求学，却在课堂上时常被英语教师忽略，自己还需在课后耗费巨大的精力自学英语，而英语水平却没有明显提高；与此同时，学生 L 在课余生活中也未交到志同道合的朋友。对此，逐渐被新环境边缘化的学生 L 感慨道：自己的中学生活真是"上与没上一个样"。

"感觉我在玉门上学真是上跟没上一个样。……在东乡最起码朋友多,每天热热闹闹还挺高兴的。但是到了玉门,我自己跟不上(教学进度),尤其是英语课,老师也对我失望,后面就再不管我了。我只能课后自己再花时间自学,效果也不大;……平时也跟同学们玩不到一起,感觉挺孤单的。我都不知道我从东乡到玉门这么远的路,到底是为了什么,学习感觉效果也不大,朋友嘛也没几个。"(20170913XL,学生 L 访谈转写)

第四节　重拾欢乐的本科学习生活

2015 年,身处异地"煎熬"三年的学生 L 终于迎来高考。虽然在玉门市的高中生活中被教师、同学们边缘化,但学生 L 凭借自己课余的勤奋努力依然考取了不错的成绩,最终被西北某民族大学历史文化学院录取。

该大学坐落于甘肃省的省会城市——兰州市,为国家民族事务委员会直属的综合性普通高等学校。谈及报考该校的原因,学生 L 提到,一方面,民族类大学对少数民族考生的照顾力度较大,以自己并不优秀的高考成绩,能够被该校录取已属不易;更重要的是,考虑到自己在玉门市的高中生活相对孤独,学生 L 希望自己日后能够在一个少数民族学生数量相对较多的环境中学习,不再受到"冷落"与"排挤",而民族类大学招收少数民族生源比例较大的客观条件即是学生 L 心目中比较理想的学习环境。因此,学生 L 对自己能够在该校继续自己的学习生活感到十分满意。

第七章 迷茫的奔波者——学生L

"我觉得能被民大录取就已经很好了。……当时报志愿的时候,民大给我们少数(少数民族)降的分数比较多,我考了400多分能上民大已经相当好了。……还有最关键的一点,我不是在玉门感觉到比较孤独嘛,汉族地区我还是待不惯,太煎熬了,感觉老师们比较冷落我,同学们感觉也在排挤我。民大的少数(少数民族)学生比较多一点,我想着在这里最起码吃饭、交朋友不会出啥大问题。"(20170913XL,学生L访谈转写)

一 课堂学习:"英语让人太头疼了"

学生L在校攻读的专业为历史学。根据该校历史文化学院的专业培养方案,学生L在本科学习阶段须掌握的专业课程为中国历史、世界历史、中国少数民族历史文化等。此外,历史学专业的本科生还须修满四学期的《大学英语》课程、参加大学英语四级考试,掌握一定的外国语能力。提及每位学生都必须完成的《大学英语》课程、必须达到的大学英语四级考试分数,学生L感到十分困惑:

"我们学的历史学专业,以后从事的工作跟英语能有啥关系?不知道学院怎么想的,非让我们上两年的《大学英语》,浪费了很多时间啊,而且好多学生(上课)去了也不认真听,真不知道搞这么多英语课干嘛。……而且还要求我们参加四级,必须达到350分以上才给毕业证。我们少数(民族)的英语基础比较差,这个任务不好完成,我看大家课后自习都是看英语,专业课倒挺简单。你说我们历史学专业的学生,课后一个个的都在看英语,又不是英语专业的,

怪不怪。"（20170615XL，学生 L 访谈转写）

　　研究者在对学生 L 的《大学英语》课程进行课堂观察时发现，学生 L 所在班级的大多数学生对《大学英语》课程参与度并不高。班里的女生多坐在教室前排，与任课教师有一定的互动。而绝大多数男生则坐在教室的中、后排，在任课教师讲课的过程中存在玩手机游戏、看课外读物、打盹等不良行为。在此期间，学生 L 坐在教室最后一排的角落位置，虽然距离任课教师较远，但他似乎没有受到周围其他男生的影响，较专注地聆听着英语任课教师的讲解，并时不时地记录着课文的重、难点知识。每当任课教师进行课堂提问时，学生 L 却低下头、躲避任课教师的目光，从未主动回答过任课教师的课堂提问。在研究者对学生 L 进行的五次课堂观察环节中，学生 L 仅有两次被动地由英语任课教师直接点名回答问题。令研究者感到疑惑的是，虽然学生 L 在《大学英语》课堂上听讲相对认真，课本上也记录了不少听课笔记，但当任课教师点名令学生 L 回答问题时，该生却表现的十分慌张，支支吾吾地难以使用英语完整地回答任课教师所提出的问题。

　　谈及上课时选择坐在教室后排、难以回答任课教师提问的原因时，学生 L 解释道：

　　"英语课我们男生们都不爱上，抢（教室）后面的位置，女生多半坐在前面、还有一些听课的。……男生们坐到后面，感觉离老师远一点，干点别的事，比如玩手机啊，睡觉啊，反正我们都不爱听英语课，但是要点名，又必须来。……我还算是男生里面比较认真的了，上课还是在坚持听（课）。但是我总不能跟女生们坐到一起去吧，男生们都在后面坐，我就也在后面坐。我怕老师让我回答问题，所以我就抢最角落的位置。……上课老师用汉语讲还可以，但是她提问的时候爱用英语，我就反应不过来了。而且我也不会说，（因为）以前没练过口语，不会说英语，我怕说错了同学们笑话。反正英语真的是没办法，我平时也算是认真听（课）呢，下课还花时间自学，就是学不懂，太头疼了。"（20170603XL，学生L访谈转写）

二 自主学习："我不愿意再参加考试了"

虽然学生L自己并不喜欢学习英语，但与同班的其他男生相比，学生L就读本科两年来对于自己的英语学习从未懈怠。除了在《大学英语》课程中认真听讲、做笔记外，学生L每周至少会留出约5至6个小时自主学习英语。学生L表示，从小学阶段开始，英语就一直伴随着自己的学业。然而，不论自己平时如何努力，英语总是自己学习成绩的"绊脚石"。学生L所在的历史文化学院将本院本科生的大学英语四级成绩作为其是否符合毕业条件的衡量标准之一，因此为了顺利毕业，学生L不得不在课后仍花费大量的时间反复温习令自己"头疼不已"的英语。

通过对学生L进行的若干次自主学习观察环节，研究者发现在该生的自主学习过程中，英语几乎是其耗费时间最多的科目，尤其是在临近大学英语四级考试期间，学生L甚至每次自习都要花费一至两小时完成一份大学英语四级考试模拟题。根据研究者的观察，学生L学习英语的主要方式有三种：单词记忆、完成教材的课后练习题、进行大学英语四级考试的模拟练习。其中，学生L进行单词记忆的方法较单一，即对《大学英语》教材的词汇表、新东方《大学英语四级词汇》中的英语单词进行反复的抄写。值得注意的是，学生L虽然在《大学英语》课堂中记录了不少的听课笔记，但其在自习过程中几乎从未关注过教材的课文部分，而将注意力全部集中在了教材最后的单词表。对此，学生L表示，自己学习英语的主要目的是获取大学英语四级证书，而《大学英语》教材中的课文必然不会在真正的四级考试中出现，因此自己并没有太大的热情、也不愿意浪费太多的时间关注教材的课文部分，上课所做的听课笔记仅是为了能顺利回答任课教师的课堂提问。此外，由于《大学英语》课程的期末考试会出现教材中的原题，所以自己只有在期末考试前夕才会仔细看看课文、课后练习题当中的知识点。

"我觉得课后背单词是最重要的，（因为）要考四级嘛，大家都是背单词、做模拟题。不过感觉也没啥效果，我每周都背单词呢，但就是记不住。……平时学英语主要就是（为了）考四级啊，所以我觉得课本里面的东西四级考试又不会考，所以管它干什么，我其实也不喜欢学英语，哪有那么大的热情浪费时间再去看那个课本，你看大家根本就没人看啊。……我上课记笔记是因为害怕老师提问啊，反正记一点，万一老师提问我了，我还能回答上。……再就是期末考试的时候看看课本，比如课文和课后练习。因为期末考试跟四级不一样，期末考试一般会考到书上的原题。"（20170603XL，学生L访谈转写）

令研究者感到惊讶的是，虽然学生L反复提及，自己课后耗费大量时间学习英语的主要目的就是考取大学英语四级证书，且根据研究者自身的观察，学生L在大学英语四级考试前夕确实也进行了大量的四级模拟练习，但根据学生L所在班级的班主任反映，自大学入校以来，学生L至今仍未真正参加过任何一次的大学英语四级考试。

> "我们学校的学生大多是甘肃、青海、宁夏、新疆这些省内或者周边省份的少数民族生源，（学生的）英语基础较差，大多数人也不爱学英语。女生还稍微好点，上课能认真听、能跟任课教师产生互动；男生们大多数都不学英语，坐在教室后面开小差。……小L相比之下是比较好的，上课听讲比较认真，平时表现也挺好的，最起码学习态度让人觉得放心。……唯一让我担心的是，小L到现在为止还没有参加过英语四级，班里其他学的比他差的同学都参加了好几次了。不管过不过，最起码要敢于尝试啊，毕竟四级成绩跟毕业是挂钩的。……我也劝了他好几次，让他抓紧报名考试去，但他就是不愿意。这孩子平时挺认真的，不知道为啥胆子这么小……。"（20170603XLJS，学生L班主任访谈转写）

谈及班主任与研究者的疑惑，学生L解释道，自己从小在东乡县的山区长大，深知少数民族地区与大城市之间教育水平、尤其是英语教育存在着较大的差距。从小学至大学，不论学生L如何努力学习，其英语成绩始终不尽如人意。进入高校以来，学生L虽然一直在认真地准备大学英语四级考试，但其在心理上始终认为，自己的英语水平还远未达到大学英语四级的考核标准。因此，为了不让家人、老师们感到失望，学生L迟迟不敢报名参加大学英语四级考试，甚至对该考试持有一定的畏惧心理，表示自己"再也不想考试了"。

> "我老是被英语打击。（我）那个时候辛辛苦苦地从东乡去玉门，再从玉门到兰州，算是真的看出来，我们少数民族

地区的教育水平有多差、英语（教学）水平有多差。……从小学到中学再到大学，我学英语一直特别吃力，平时也不是说没学，我还是比较认真对待的，但是（英语）成绩每次都是最差的，让大家都失望，我自己也挺失望的，感觉英语就是个绊脚石。我都再也不想考试了，反正每次都不行。……所以四级考试我不敢报啊，平时学了是学了，但是我总感觉我水平还是没够，我对我自己的英语水平还是没底，万一又没考好，让家人、老师们失望，那还不如不考了算了，我自己也轻松一点。"（20170603XL，学生 L 访谈转写）

三 课余生活："民大是个大家庭"

尽管高校的英语学习境况不尽如人意，但学生 L 的各科专业课学习均进展顺利。除了在课后进行适量的自主学习外，学生 L 仍有充裕的时间满足其各项课余活动。尤其令学生 L 感到欣慰的是，学校的少数民族生源比例较高，相对多元的人文环境能为自己的课余生活提供良好的氛围。闲暇时光，学生 L 在校园内或学校周边即可找到各类菜品丰富的清真餐馆，与身边的回族、东乡族同学们一起聚餐；每逢周末或其他民族传统节日，学生 L 也可毫不费力地找到"组织"，与拥有相同宗教信仰的同学们相约前往附近的清真寺"做礼拜"。研究者在对学生 L 进行追踪调查期间，恰逢穆斯林的传统节日——开斋节。研究者结合访谈、观察、学生 L 本人的微信朋友圈等途径了解到，在开斋节期间，学生 L 几乎每天傍晚均会与身边的回族、东乡族同学们一起从事各项课余活动，例如聚餐、诵读《古兰经》、外出唱歌、打扑克牌、玩电脑游戏等，课余生活丰富多彩。中学阶段被边缘化的学生 L 由此感慨道，自己很享受高校生活，能够融入新的环境，开心地在高校中学习、生活，当年努力学习、备战高考所流的汗水便没有白费。正如学生 L 在其微信朋友圈中写道："我们民大是个大家庭"。

"……不过总体上民大的氛围我特别喜欢。你看其他学校里哪有这么多少数（民族），民大的少数（民族）学生人数比较多，我感觉这种环境比较适合我。……比如吃饭啊、作息啊、课余爱好啊啥的，同学们跟我都比较像，也不存在啥矛盾。……虽然英语学得不行，有时候我也挺着急的，但是专业课没啥问题，（课业）压力也不大，平时上点自习也就行了，还有好多时间可以干别的事。……所以总体来看，我还是对我当初的选择感觉很满意，毕竟能在这结交到这么多志同道合的朋友，下课也有好多活动，真的挺不容易的，想想当年那么辛苦地准备高考也值了。"（20170603XL，学生 L 访谈转写）

研究者在对学生 L 的课余活动进行观察时还发现，尽管该校少数民族生源较多，但汉族学生仍占有相当大的比例。然而，学生 L 在其学习生活中常与少数民族同学来往，几乎很少接触周围的汉族同学。例如，在课堂上，学生 L 倾向于与同班的少数民族学生坐在一起，而与其他汉族同学距离较远；在课后的自主学习过程中，学生 L 并未与同寝室的汉族室友一起前往自习，而经常与自己的临夏"老乡"相约一起去自习室温习功课；茶余饭后，学生 L 的课余活动也均是与身边的少数民族同学聚在一起，几乎很少参与同班、同寝室汉族同学的休闲活动。

谈及上述现象，学生 L 将主要原因归结为少数民族学生与汉族学生在饮食、起居、文化、宗教信仰等各方面的差异性，认为虽然同处一个班级学习、甚至同在一个寝室生活，但自己很难适应汉族同学的文化与生活习惯，加之自己在中学时期并不开心的学习生活经历，升入高校的学生 L 不愿再试图融入汉族学生的生活当中。

"我在玉门上高中的时候不是很开心啊，跟汉族同学们玩不到一起，感觉挺孤独的。当初报民大的时候就是想着这里的少数（民族）学生多一点，我可以交更多的朋友，不能再像中学时候那样子了。……汉族跟我们少数（民族）的生活习惯不一样，跟他们吃饭也吃不到一起，兴趣爱好什么的都不一样，以我中学时候的经验来看，他们不喜欢跟我做朋友，我现在也不愿意再跟他们混了。……比如吃饭吧，我要吃清真的，他们吃的东西我不能吃；再比如最近不是开斋节嘛，我们少数（民族）早上四、五点钟就要起床吃饭，打扰他们休息了吧？我们晚上八点多吃饭，又打扰他们了吧？再比如周末我要做礼拜去，他们也不理解啊，反而觉得我怪怪的。……总之，在这儿就有这个好处，我可以跟其他少数（民族）同学一起，也不愿意再跟他们汉族混在一起了。"（20170615XL，学生 L 访谈转写）

第五节　学生 L 的外语学习生活剖析

本章采用深度访谈、观察、线上交流等方法，对本书的第二位个案研究对象学生 L 的家庭背景及求学经历进行了简要回顾，发现其在英语学习过程中，存在的英语学习焦虑情绪主要表现为"交际畏惧"与"消极评价恐惧"两个类别（Horwitz & Young,

1991）。例如，学生 L 在英语课堂中表现出难以使用英语回答任课教师的提问、怕身边的同学们嘲笑而畏惧讲英语等现象，可归属于"交际畏惧"的范畴；高校学习阶段，尽管学生 L 为了考取大学英语四级而努力在做各项准备，但却因担心家人、老师们失望而畏惧参加大学英语四级考试，可归属于"消极评价恐惧"的范畴。

在本节，研究者依然使用图 6-3 的分析维度，认为学生 L 的内部心理环境可通过其外部学习环境进行剖析。研究者将学生 L 的外部学习生活环境划分为学校场、家庭场、社区场以及课余活动场四个方面，并分别从上述四个维度出发，剖析该个案研究对象产生英语学习焦虑的深层诱因。

一 学校场

学校是学习生活的关键场域之一，在学生 L 的求学经历中占据着举足轻重的地位。在本节，研究者以研究对象的学校场域为线索，分析学校的教学环境对目标研究对象的英语学习焦虑有何影响。

受制于东乡县沿岭乡相对落后的交通条件与薄弱的基础教育，学生 L 直至小学阶段才拥有正式接触英语的机会。小学阶段的英语学习过程中，学生 L 主要面临了两大方面的困扰。其一，由于不熟悉教学媒介语而引发英语学科知识难以理解。东乡县沿岭乡全民通用东乡语，学生 L 就读的东乡县和平小学根据当地的语言使用环境，实施由东乡语向汉语逐渐过渡的双语教育模式。小学三年级以前，和平小学的各科教师使用东乡语作为课堂教学用语，而汉语仅作为教学目的语出现在语文课堂中。在此情形下，学生 L 缺乏足够的汉语使用环境，在日常生活中仍以使用东乡语为主。小学三年级以后，和平小学逐渐开始使用汉语作为教学媒介语，新开设的英语课程也不例外。然而，该校的英语任课教师同样为当地的东乡族教师，汉语发音并不标准，这使得自身汉语基础薄弱的学生L更加难以理解英语课堂中涉及的知识。其二，新接触的英语不论从词汇层面还是句法层面，均与学生L已经熟练掌握的母语——东乡语格格不入。例如，部分新接触的英语单词（如coffee、Juice、crocodile等）在东乡语中无法一一对应，学生L只能借助汉语来死记硬背；英语的SVO基本句式与东乡语的SOV结构大相径庭，令学生L的英语句法学习过程也相对困难。

  中学阶段的学生L经历了人生的第一次远行。坐落于不同地区的两所中学在教学设施、教学方法、生源的民族构成等方面均存在较大的差距，英语基础本就薄弱的学生L越发难以适应新的教学环境。首先，多媒体教学设备的使用令英语课堂所涉及的教学内容大幅增加，致使学生L的英语学习压力骤然增加；其次，教学方法由"语法——翻译法"突然转换为更加注重培养学生英语听、说能力的交际式教学方法，令原先从未接触过英语原声听力材料、从未真正开口讲过英语的学生L无法在英语课堂上与任课教师形成正常的互动交流，致使学生L在课堂上逐渐被英语任课教师所忽略；最后，玉门市第一中学的生源多由汉族学生构成，自小在东乡县长大的学生L在饮食、起居、课余活动等方面均难以融入新的集体，学生L缺乏与身边同学们的交流，在课余生活中同样被边缘化。

  中、小学教育阶段遗留下来的英语基础薄弱，尤其是英语听、说能力极度欠缺的问题在学生L的高校学习中并未得到改善：在课堂上，学生L经常坐在教室后排的角落中，缺乏与任课教师的交流；在课后的自主学习环节，学生L习惯对陌生英语词汇进行机械的抄写记忆，或针对大学英语四级考试进行大量的模拟练习，其英语听、说能力不足的问题仍未得到应有的重视。

通过对学校场进行梳理可见，学校环境是导致学生 L 出现交际畏惧的主要因素之一。在英语启蒙阶段，由于（1）不熟悉教学媒介语、（2）东乡语对英语学习的负迁移、（3）受教于传统的"语法——翻译法"教学模式，学生 L 的英语基础薄弱，尤其是英语听、说能力极度欠缺，这为学生 L 在随后的学习中畏惧开口讲英语埋下隐患。高中阶段，学生 L 远赴他乡求学，又由于不适应汉族地区新的学习环境而被教师、同学们边缘化，逐渐形成了行事相对独立、不善与人交往的性格特征。学生 L 的高校英语学习主要围绕大学英语四级考试而展开。在学生 L 看来，《大学英语》课堂教学中所涉及的大部分知识与英语四级考试关联性不大，故花费大量的课余时间机械式地记忆单词、完成模拟考试练习，试图提高自己的英语成绩。在此过程中，英语听、说能力依旧未能得到学生 L 的足够重视。综上可见，学生 L 在英语学习过程中产生的交际畏惧心理，是其在求学过程中所体验的教学环境、自身长期形成的英语学习策略两方面相互作用的产物。

二　家庭场

除学校场域以外，学习生活的另一个重要组成部分便是家庭场。以研究对象的家庭环境为线索进行梳理可发现，学生 L 的家庭自然环境、家庭语言环境以及家庭成员的语言态度在一定程度上对该研究对象的英语学习起到了消极作用。

首先，学生 L 的家乡地处东乡族自治县的山区，基础教育薄弱，十多年前，沿岭乡还未开设幼儿园、学前班等形式的学前教育，留守家中的学生 L 直至小学才开始正式接触汉语与英语。学生 L 的就读小学距家较远且无法通行汽车，当时，年仅六、七岁的学生 L 须每天背着书包步行约 1.5 小时，才能到达学校接受教育。小学三年级以后，随着英语课程的开设，越来越大的课业压力便意味着越发沉重的书包，学生 L 每天在上、下学路上耗费的时间与精力过多，这在一定程度上也影响到了其在家中温习功课的效率。

其次，学生 L 的家乡交通闭塞，外来人口较少，当地居民在生活中通用东乡语作为日常交流用语，几乎很少接触到汉语。在此情形下，学生 L 的就读小学实施由东乡语向汉语逐渐过渡的双语教育模式。小学三年级以前，学生 L 除了在语文课堂上学习汉语以外，在日常生活中仍以使用东乡语为主，缺乏足够的汉语使用环境。小学三年级以后，新开设的英语课程突然开始使用汉语作为教学媒介语，这使得汉语基础依然薄弱的学生 L 很难跟上正常的教学进度。加之学生 L 的母语——东乡语与英语之间在句法、词汇上存在天然的差异，学生 L 在学习英语的过程中受到母语的负迁移影响较大。

最后，东乡县沿岭乡的绝大多数居民均为东乡族，全民信仰伊斯兰教。每逢周末或伊斯兰节日，当地居民有前往附近清真寺、"拱北"等场所进行宗教礼拜的风俗习惯。学生 L 的家虽位于沿岭乡山谷的最深处，交通闭塞，平时来往的村民稀少，但家附近却设有全村最大的清真寺。每至周末，周边的居民们多会前往该清真寺进行宗教礼拜活动，学生 L 所处的生活环境每逢此时便热闹起来。因此，学生 L 自小即对家附近的清真寺及其所象征的伊斯兰文化有一定的憧憬。此外，接受初等教育以前，留守在家的学生 L 由爷爷照料。为了能够更好地适应周末的"诵经"、礼拜活动，学生 L 的爷爷时常会给学生 L 讲授《古兰经》中的人物传记、相关内容的阿拉伯语发音等。学生 L 认为，《古兰经》及其所涉及的阿拉伯语知识，是了解东乡民族文化传统的重要途径之一，也是东乡族内部身份地位的重要衡量标准。而对于接触机会极少的英语，学生 L 及其家人并无明显的倾向性，也不清楚学习英语有何实用价值。

综上可见，学生 L 的家庭自然环境、语言环境对学生 L 的英语启蒙学习起到了一定的阻碍作用，加之学生 L 及其家庭成员对伊斯兰文化、对象征着伊斯兰文化的阿拉伯语具有较明显的倾向性，致使学生 L 从小的语言认同感、语言学习重心均不在英语。这是基础教育阶段学生 L 英语学习效果较差、英语基础薄弱的潜在影响因素之一，也间接影响到了学生 L 英语听、说能力的发展。

三 社区与课余活动场

社区环境能够较真实地反映出某调查群体的文化风俗、语言使用、民族认同等，是社会语言学研究的重要视角之一。研究者根据学生 L 的求学经历与学习体验，发现该研究对象所处的社区环境与其课余活动的联系较密切。故在本节，研究者将学生 L 所处的社区环境与课余活动结合起来视为同一条线索，考察上述两个因素对目标研究对象的英语学习焦虑有何影响。

临夏回族自治州东乡县及其所辖的沿岭乡是学生 L 出生、成长与学习的主要所在地之一，该地区的主要人口构成为东乡族，全民信仰伊斯兰教。学生 L 在就读小学、初中期间，学校的绝大多数生源也均为当地的东乡族，除了在课堂上学习汉语、英语两种语言外，象征着穆斯林文化的阿拉伯语在学生 L 及其身边的同学心中具有一定的影响力。每逢周末或其他节假日，学生 L 经常与身边的东乡族同学们一起前往东乡县县城游逛、参加各类宗教礼拜活动。学生 L 认为，东乡县丰富多彩的课余生活使自己增长了不少"见识"。由此可见，伊斯兰文化浓郁的东乡县（如图 7-5）对于学生 L 来讲具有一定的向心力。高中阶段，学生 L 搬迁至汉族人口占据绝大多数的玉门市。由于饮食、起居、风俗文化等各方面的差异，学生 L 在高中阶段被任课教师、同学们边缘化，逐渐养成了不善与人交往的性格特征。在此阶段，学生 L 的课余生活较为贫乏，行事相对独立。经历了三年孤独的高中学习生活，大学时期的学生 L 作为一名东乡族的身份认同感表现强烈，学习生活中甚至开始排斥与汉族同学交往，课余经常与校内的临夏籍东乡族、回族生源一起聚餐或从事宗教礼拜活动。

纵观研究对象的求学经历，与学生 L 拥有相似的文化风俗、享有共同语言、共同参与课余活动的东乡族同学们可视为一个言语社区（Speech Community），该社区在学习生活中主要接触四种语言：东乡语、汉语、英语与阿拉伯语。研究者通过对学生 L 的访谈了解到，上述四种语言在社区成员心中的地位存在差异。首先，东乡语作为东乡族言语社区内部的日常交流用语，承载着大量的东乡族文化传统。除了上课以外，学生 L 与其他东乡族同学仍然使用东乡语进行交流，对于东乡语的情感较深厚。其次，汉语是东乡族的第二语言，也是东乡族与外界其他民族交流的唯一工具。除了作为课堂教学用语以外，汉语在学生 L 眼中还具有一定的经济价值。学生 L 认为，由于汉语是东乡族学生日后找工作、经商的最基本素质，因此，懂得汉语、能够与外界交流的东乡人无疑会有更光明的"前途"。与汉语具有相似地位的是阿拉伯语。作为诵读《古兰经》的最重要途径，阿拉伯语在东乡人眼中不仅具有工具价值，还具有一定的经济价值与象征作用：一方面，部分东乡族人有前往西亚阿拉伯国家做进、出口贸易的习惯，掌握一定的阿拉伯语是贸易双方进行商业会谈的基本要求；另一方面，懂得更多的阿拉伯语就意味着对伊斯兰教义的理解更为深刻，同时也意味着能够受到族人的更多尊敬。最后，相对于东乡语、汉语以及阿拉伯语的积极态度，学生 L 所在的言语社区对待英语的态度较为冷淡。学生 L 认为，英语是中考、高考中最重要的考试科目之一，尽管身边的大多数同学们都不愿意学英语，但都必须要"硬着头皮去学"，以达到升学的目的。由此可见，学生 L 及其社区成员学习英语的主要动机为工具性动机（考试、升学），尽管英语并未真正得到社区成员的青睐，但学生 L 及身边的同学们仍须克服东乡语在词汇、句法方面对英语的负迁移作用，努力提高英语学习成绩。

从学生 L 所处的社区对上述四种语言的态度来看，英语并未受到该言语社区成员的认可，这也与研究者的课堂观察结果基本相符：学生 L 所处班级的少数民族学生在《大学英语》课堂上配合率较低，大多数学生均坐在教室的后排开小差，表现出对英语教学的抵触情绪。然而，与班中的其他少数民族学生相比，学生 L 的英语学习态度则相对积极。不论是在课堂上，还是在课后的自习过程中，学生 L 均花费了大量的时间与精力认真学习英语。研究者推测，学生 L 花费较大的精力准备大学英语四级考试，却迟迟不愿报名的原因可能在于：其一，在高中时期受到同学们孤立的学生 L 深知，自己的英语水平与汉族同学差距较大，故成功考取大学英语四级证书的自我效能感不高；其二，明知身边的少数民族同学们对英语的学习态度消极，学生 L 若花费了比同学们更大的精力却仍未如愿获取大学英语四级证书，不仅会令家人、教师失望，更难免会引起身边同学们的嘲笑。由此，学生 L 尽管为大学英语四级考试做了相当充分的准备工作，却依旧不敢轻易参加考试，表现出了对消极评价的恐惧心理。

第八章 缄默的反抗者——学生 M

21 岁的学生 M 是本书的一位女性研究对象,为甘肃某政法类大学社会工作专业的大学二年级东乡族本科生。根据"外语课堂焦虑量表"的调查与统计、研究者对该生的课堂观察与数次沟通,最终选择其作为本研究的个案研究对象之一。

研究者选择学生 M 作为本研究的个案研究对象,主要出于以下两个方面的考虑:一方面,东乡族女性的受教育程度普遍较低,存在文化参与缺位、社会参与缺位等现象(张杨娟,2009)。在此背景下,女性东乡族本科生的英语学习体验与男性东乡族本科生具有哪些差异?这是本研究亟待探索的问题之一;另一方面,学生 M 在本校《大学英语》课堂上积极的英语学习态度令研究者印象颇深。2017 年 6 月,研究者在甘肃某政法类大学的《大学英语》课堂上,第一次注意到了坐在教室最前排的学生 M。根据研究者的观察,学生 M 所处班级的女生人数较多,但该班学生的英语课堂参与度普遍较低,绝大多数女生均坐在教室的中、后排,存在使用手机上网、阅读课外读物、趴在课桌上打盹等不良行为。相比之下,学生 M 则坐在教室的最前排,眉头紧锁地认真听讲,课本上密密麻麻地记满了相关知识点。课间休息时,学生 M 甚至打断了研究者与《大学英语》任课教师之间的谈话,针对课文中的长难句，向英语任课教师提问。根据《大学英语》任课教师的反馈，学生 M 所学的社会工作专业是学校相对边缘的专业之一，班里的大部分学生高考分数较低，通过校内调剂的方式被动学习本专业。因此，学生的英语基础比较薄弱，英语厌学情况尤其突出。相比较而言，学生 M 自入校以来，英语学习态度积极，课堂上能够排除干扰、认真听课，令英语任课教师十分欣慰。但美中不足的是，学生 M 在英语课堂上始终不愿与任课教师形成互动，多在课间、课后与任课教师私下沟通，所提出的问题多是"单词的汉语意思、课文中的长难句翻译等相对机械的问题"。除此以外，学生 M 看似平时学习英语非常努力，是班里为数不多的"积极分子"，但在期末考试中成绩平平。眼看着四学期的《大学英语》课程即将完成，学生 M 却还未参加过大学英语四级考试，这令任课教师感到既焦急又困惑。

第一节 学前生活

学生 M 的家乡位于甘肃省东乡族自治县达板镇。与前两位研究对象的家乡相比，达板镇交通条件便利，距甘肃省的省会——兰州市仅五十公里，是东乡族自治县辖区内为数不多的非山区。达板镇的绝大多数居民为东乡族，日常生活中通用东乡语。得益于达板镇相对便利的交通条件，当地的流动人口数量较多，居民们也经常使用汉语进行族际间的交流。在此环境下，学生 M 从小接触汉语的机会相对频繁，在接受初等教育以前就自然习得了一些汉语知识。然而，学生 M 的父亲常年在外地从事货物运输工作，负责照料全家起居的母亲是一名传统的穆斯林家庭妇女，并不懂得汉语，因此东乡语依然是学生 M 家中的唯一家庭用语。

十多年前，达板镇还未开设幼儿园，年幼的学生 M 除了在家学习如何操持家务外，每周会跟着母亲一起在家中诵经（古兰经），学习伊斯兰教规中关于女性的社会、家庭职责。学生 M 表示，自己从小身处于一个传统的穆斯林家庭，父母存在比较明显的重男轻女倾向。父亲在闲暇之余，经常带着哥哥、弟弟们外出"见世面"，而学生 M 只能留守在家中，学习做家务、针线活。每逢周末，眼看着哥哥、弟弟们能够去附近的清真寺做礼拜，而自己只能在家中跟随母亲默念经书，很少与外界交流。

"我们村子这几年才有幼儿园，那会儿我小的时候还没有。……上学之前就在家里干活儿，比如做家务、缝衣服之类的。我妈妈比较传统，从小教育我要做家务活，不让我老出去玩。……我感觉我家里人还是比较传统的，重男轻女呢。我爸爸经常带哥哥弟弟们出去见世面，从来不带我出去，觉得我应该学会干家务，以后才能嫁个好人家。……出去做礼拜也不行，清真寺只能男人进，小时候我也想不通，看着别人都去寺里了，我只能在家跟着妈妈学，我觉得挺不公平的。"（20170606XM，学生 M 访谈转写）

在父亲眼中，学生 M 自小便认真好学，不愿将自己的生活局限在家务琐事当中。每当父亲为哥哥弟弟们教汉语、辅导课业时，学生 M 总会凑到一边认真学习。学生 M 的父亲认为，作为一个比较传统的穆斯林家庭，女孩子本应以学习家务为主，至于识字、诵经，在多数情况下应是男性的社会分工。由此，父母对学生 M 的学习成绩并没有太高的期望，只要"能听懂汉语、懂得教规（古兰经）中的规矩就行了，关键还是要会操持家务，以后嫁个好人家"。

"我们镇子上大多数女人都没啥文化。（因为）我们东乡人感觉，女孩子只要能听懂一些汉语，懂得我们穆斯林的教规，就行了。主要的任务还是相夫教子，要会做家务。……（学生M）小的时候就爱学习，让她跟着妈妈学做家务，她不愿意。每次我给她哥哥教汉语、教念经的时候，她就要凑过来学。你还别说，她学的比她哥哥还快。哥哥放学回来念课文，她听几遍也就会了，念得也很好。那个时候还不到6岁呢，天天喊着想跟哥哥上学去，要么就缠着我讲外面的事情，淘气得很。"（201708025XMF，学生M父亲访谈转写）

第二节 期盼已久的初等教育

2001年，学生M终于如愿以偿，进入达板镇拱北滩小学接受初等教育（如图8-1）。拱北滩小学距学生M的家并不远，步行十几分钟即可到达。每日与附近的小伙伴们一同上学、相约回家，是学生M最开心的时光。拱北滩小学所接收的绝大多数生源均为达板镇的东乡族学生，得益于达板镇便利的交通条件、相对丰富的人口结构，镇中的孩子们自小便对汉语有一定的接触。由此，拱北滩小学在低年级阶段即开始实施以汉语为主导、东乡语起辅助作用的双语教学模式。在此背景下，学生M因之前跟随哥哥自学了大部分小学课程，已经拥有可观的汉语基础与学科知识，成为班级中数一数二的"尖子生"，经常帮助班中汉语基础薄弱的同学。

小学三年级以前，学生M凭借自己出色的汉语基础，能够较轻松地驾驭低年级阶段的绝大多数课程。但三年级以后，英语课

图 8-1　位于达板镇十几公里外的拱北滩小学

程的开设令学生 M 在学习中初次感受到了困惑。十几年前，达板镇的英语人才极度匮乏，位于镇外十几公里的拱北滩小学虽然响应了国家教育部门的号召，开设了英语课程，但却没有配备充足的英语任课教师，该校的大部分英语教师由其他学科教师兼任。兼职的英语任课教师虽能勉强为学生们教授课本当中的知识点，但存在英语发音不标准、教学方法单一的问题。据学生 M 回忆，自己当时的小学英语教师是语文教师兼任的，上课除了将课文中的英语对话翻译成汉语、令学生们在课后记忆英语单词外，再无其他教学内容，甚至对音标的基本发音、常用词语搭配等均未在课堂中涉及。学生 M 认为，小学阶段自己在英语课程中除了学会如何书写 26 个英语字母、记忆了几个常用的口头用语外，再无其他收获。自己并不清楚学习这些英语字母有何目的，更不清楚学习英语的重要性，只能在英语课堂上百无聊赖的跟着老师"混时间"。

"我们一开始没有英语课,英语课是三年级以后才开的。……那个时候达板镇根本就没几个懂英语的人,我们那里离镇子还有些距离、(地理位置)比较偏,哪里能有英语老师,英语课都是别的老师给我们上。……说实话呢,我最讨厌的课就是英语了,那个时候(英语)老师是我们的语文老师,每次上课就是把课本里的句子翻译成汉语,要么就是让我们背单词。……感觉上英语课挺没意思的,就是教了 26 个字母、让我们抄字母,最后我也就会抄个字母。不知道当时学英语要干啥,书里花花绿绿的我也不知道怎么念、老师也不教,可能他自己都不会吧(笑)……三年就教了字母,其他好像也没什么,什么音标啊、词语搭配啊都没有(教)的,后来每次上(英语)课大家就是聊天、玩、写语文数学作业。当时真的不知道学英语有啥用,反正就跟着老师混时间呗。"
(201706021XM,学生 M 访谈转写)

第三节 压力剧增的中学生活

2007 年 9 月,学生 M 升入东乡县就读初中。该中学(如图 6-3)位于达板镇中,是一所具备食、宿条件的县级中学,绝大多数生源均为周边乡、镇的东乡族学生。由于该校距学生 M 的家乡仅十余公里,为降低家中的生活开支,学生 M 决定放弃寄宿在校园中,每天骑车上、下学。

然而,在自己家中住宿的决定却给学生 M 的初中学习生活带来了意想不到的负担。据学生 M 反映,在大多数东乡人的心目中,女子一旦年过十四岁就意味着已经成年,应开始考虑出嫁事宜。村中很多与学生 M 年龄相仿的女孩都被家人劝说、甚至逼迫辍学，在家学习家务活、针线活等，以期能够早日出嫁。在此背景下，学生 M 每日放学回家所面临的各项任务也与日俱增。除了完成学校既定的家庭作业外，学生 M 还须跟随母亲学习缝纫技术、洗衣做饭，周末还须在家耗费大量的时间跟随母亲学习《古兰经》中的女性教规，课余可自由支配的时间寥寥无几。眼看着身边那些学习不怎么努力的男孩子们每天肆意玩耍、周末还能热热闹闹地去"做礼拜"，学生 M 感到十分不公。

"我当时本来想着在家住，为了给家里省点钱嘛，在学校住宿花的（钱）更多。没想到在家里住压力更大，我爸妈开始给我张罗结婚的事情。……我们那里（东乡）女孩子结婚早，你们汉族是 18 岁成年对吧？我们不一样，我们觉得女孩子 14 岁就成年了，就该谈婚论嫁了。……所以那个时候，每次回家就得学着干家务、缝衣服、学做饭啊啥的，为了嫁个好人家嘛。跟我差不多大的女孩子很多都不上学了（初中），就在家里专门学干家务，准备嫁人。……我觉得挺累的，也不公平。回家有那么多作业要写，还要学家务，周末我妈妈又让我跟她学（穆斯林）教规，说这些都是女孩子必须学的。我根本就一点自己的时间都没有。他们那些男孩子一天不学习，到处跑着玩，周末还去做礼拜，这些我根本就没办法实现。"（201706021XM，学生 M 访谈转写）

深陷家中的诸多琐事，学生 M 无法在学业上投入更多的精力，加之初中的课程难度进一步增大，学生 M 开始失去之前的成绩优势，由原来的"尖子生"逐渐滑落至班级平均水平。在诸多课程当中，英语是学生 M 最薄弱的环节。中学的英语教师多是周边的东乡族、回族教师，英语发音并不标准，加之该校当时还未配备多媒体教学设备，英语任课教师主要使用"语法——翻译法"进行教学，很少关注到对学生的英语听、说能力培养。在此教学模式下，学生M的学习方法较单一，即通过分析课本中出现的句法结构、抄写单词来实现对教学内容的熟悉与理解。

"因为家里事情太多了，不是老要（让我）干活嘛，哪里有那么多的时间再复习学校的课程。所以（我）本来学的还挺好的，后面就慢慢不行了。……我觉得主要就是英语。我上课听得挺认真的，下课也没少背单词，但就是记不住，分数考不高。……那个时候我们的老师发音也不行，上课就是把课文翻译成汉语，再就是盯着我们背单词，感觉也挺枯燥的。……听力、口语根本就不存在，我们就是死记硬背。"（201706021XM，学生M访谈转写）

中考是学生M上学以来面临的第一次打击。由于英语成绩的明显短板，学生M没能如愿考入临夏回族自治州的顶尖高中，最终仅勉强被临夏市回民中学录取。凭借差强人意的中考成绩单，父母更加坚定了让学生M尽早出嫁的决心。学生M的父亲是一位虔诚的穆斯林信徒，除了外出从事货物运输工作以外，父亲闲暇之时最重要的爱好就是熟读《古兰经》、并为自己的孩子们讲解其中的教规与礼仪。学生M的父亲认为，一名成年的穆斯林女性不仅须要学习文化知识，更重要的是要为自己的出嫁做好准备。在父亲的眼里，学生M初中毕业就意味着已经完成了必要的学习任务，应将未来的重点转向学习家务活、对穆斯林的女性教规有更深刻的了解，因为上述事物是学生M日后相夫教子的基本素养。

"女娃终归是要嫁人的。那个时候她（学生M）初中都毕业了，我感觉文化也学得差不多了，我们村里大多数女娃也就是个初中水平，足够了，关键是要学会干家务。我们穆斯林女娃还要清楚教规呢，她（学生M）一天光学文化也不行，《古兰经》也要念，不然以后什么都不懂怎么嫁人。……英语现在很流行，我觉得学一点肯定有好处，这代表'现世'，就是说现在找工作、生活需要的。但是《古兰经》代表'后世'，就是说我们要有信仰，不然后一世就会过得不好，所以一定要学好阿拉伯语，这两个语言都是很重要的。……你看她（学生M）平时花了那么大的功夫学习，成绩还是不行。其实初中毕业就可以了，当时就想让她早点做准备（结婚），学念经、操持家务，（以便能够）说个好人家，稳稳当当地过日子。"（201708025XMF，学生M父亲访谈转写）

来自父母的阻力并未动摇学生M就读高中的决心。为了让父母继续支持自己读书，学生M答应父母，除了在校学习外，自己会在课余时间认真学习家务事宜，并在周末参加当地的阿拉伯语学习班，努力研习《古兰经》中的女性教规。由于学生M就读的临夏回民中学位于临夏市区，距离学生M的家乡约七十公里，因此高中三年来，学生M上课时间须寄宿于校园内，每逢周末便赶回家"洗衣做饭"、参加阿拉伯语学习班。

"我爸妈不是让我学洗衣做饭、学阿拉伯语嘛，那我就跟他们谈条件，我周末回家好好学那些，但学还是要让我上去，我想考大学。……后来我爸就答应了，我每周就来回跑。学校离家还挺远的，上课时间我就住在学校里，周末再回去。……我当然不愿意学那些（家务活）啊，还要学念经

（诵经），感觉那个东西比英语还难，又没啥用。但是没办法啊，不答应我爸，他就不让我上学了。"（201708025XM，学生 M 访谈转写）

第四节 孤注一掷的高考复读

兼顾学习与家务双重压力的学生 M 于 2013 年迎来高考。然而，学生 M 却因考试期间心理过度紧张，与自己的大学梦失之交臂。据学生 M 回忆，虽然自己高中三年来奔波于学校与家庭之间，课余时间须完成大量的家务活与宗教礼拜活动，但自己在心中始终将学业放在首位，尤其是自己考分最低的英语课，自己实际上已经花费了大量的精力去学习，从来没有懈怠过。高考前夕，学生 M 突然出现失眠、体虚发汗等现象，致使其在高考过程中甚至无法集中注意力答题。

"平时我其实还是挺认真的。我知道回家以后要干这干那，所以平时在学校里我都没怎么玩过。我心里面还是想认真上学，家里那些事情其实也没怎么放在心上。……其实当时模拟考试的几次都还可以，虽然分数没那么高，但是考个随便一点的大学还是没啥问题的，没想到考试的时候不知道咋了，睡不着觉、出虚汗，从考试前几天就开始了，持续了好几天，搞得我考试的时候都没办法集中精神。"（201706021XM，学生 M 访谈转写）

高考失利后，学生 M 随即被卷入父母的第二轮"催婚"计划当中。眼看着学生 M 耗费了巨大的时间、精力、甚至财力学习文化知识，却仍然无法考入理想的大学，父母欲终止学生 M 的学业，令其与其他东乡女孩一样，早日成婚、安稳度日。

"当时我看她（学生 M）真的太辛苦了，在学校里学、在家里还要学，我们村里好多女娃都嫁人了，哪里有她这么辛苦的。我们家里一共有五个小孩呢，都在上学，其实家里负担也比较重。小 M 辛苦了这么多年，成绩也不行，我供他上学也花了不少钱了，最关键的是效果也不行，还不如好好念经、学做人。……做人是第一位的，我们东乡人要虔诚，要好好念经学做人，之后才能再想别的事情。既然大学没考上，那就早点嫁人、安安慰稳过日子吧。反正我当时就是这么想的。"（201708025XMF，学生 M 父亲访谈转写）

失望的高考成绩单并未令学生 M 感到气馁。借着父母"催婚"心切，学生 M 乞求父母再给自己一年的复读机会，若再次落榜，则听从父母的意愿回乡成亲。2013 年 9 月，学生 M 只身前往临夏市区某复读学校，进行全封闭式的高考复读。英语是学生 M 高考各科中最薄弱的一环。为弥补自己的短板，学生 M 花费了更大的精力去学习英语。在课堂上，英语教师使用"填鸭式"的方法帮助学生们复习高中阶段的重难点，授课内容以历年的高考试题为主，课堂上依然没有涉及对学生听、说能力的培养。英语基础薄弱的学生 M 由于无法理解教师在课堂上所讲的内容，甚至瞒着父母，占用周末诵经的时间去抄写英语单词、研习相关的知识点。

"我当时还是想再试一年。因为（高考）没考好主要是因为我失眠了，不是我自己水平的问题。我爸妈不是老催我嫁人嘛，我就跟他们讲条件，再让我复读一年，如果再考不上我就听他们的。……我知道我英语是最不行的，所以我（这一年）主要花功夫学英语。……英语老师上课讲的基本上就是（历年）高考题，也没有给我们教过怎么念单词，有时候我问她，她说只要认识单词、句子，考试的时候会就可以了。我英语比较差，上课听不懂就下课再看。……课后我主要就是背单词、抄单词，再就是看看语法。有时候周末就不念经了，偷偷看英语，不让爸妈知道就行了。"（201708025XM，学生M访谈转写）

第五节 "低人一等"的本科学习生活

2014年6月，寒窗复读一年的学生M再次迎来高考。然而，学生M在考试期间又一次出现失眠、体虚出汗等现象，并未发挥出自己的正常水平，最终仅通过少数民族照顾政策，被甘肃某政法类大学的预科班录取。据学生M回忆，虽然自己的理想志愿并非一所普通的省内二本大学，但无奈自己考试发挥失常，加之"催婚"心切的父母给予了学生M巨大的压力，学生M只好"硬着头皮"以预科生的身份开始了自己的大学梦。

"不知道怎么回事，考试（高考）的时候又失眠了，没有发挥好。本来我随便上个二本学校应该是没啥问题的，结果又不行。最后只能上政法学院，而且还是预科生。……幸亏国家给我们少数（民族学生）有照顾，给我降了点分，不然我就得回家准备结婚了。……我觉得挺可惜的，上的学校又不算是好学校，预科的话还得多上一年学，其实当时挺不愿意的，但是一想起来家里人逼着我赶紧结婚去，我还不如上学呢，所以就硬着头皮过来上了。"（20170606XM，学生 M 访谈转写）

一　课堂学习："我怕别人笑话"

学生 M 在大学的英语课堂上表现积极。研究者通过《大学英语》任课教师了解到，学生 M 所学的社会工作专业是该校相对边缘的专业之一，班里的大部分学生高考分数较低，通过校内调剂的方式被动学习本专业。因此，该班学生的英语基础比较薄弱，英语厌学情况尤其突出。然而，研究者对学生 M 所在班级的《大学英语》进行课堂观察时发现，学生 M 对于英语课程的学习态度相对较认真。该班学生在《大学英语》课堂上的参与程度普遍较低，绝大多数学生均坐在教室的中、后排，使用手机上网、阅读课外读物、趴在课桌上打盹。相比之下，学生 M 则坐在教室的最前排，眉头紧锁地认真听讲，课本上密密麻麻地记满了相关知识点。课间休息时，学生 M 甚至打断了研究者与《大学英语》任课教师之间的谈话，针对课文中的长难句，向英语任课教师提问。

尽管学生 M 对高校的英语课程仍保持着较高的学习积极性，但新环境下的英语教学模式令学生 M 迟迟难以适应。学生 M 就读的学校位于甘肃省兰州市内，省会城市的高校无疑拥有更雄厚的师资力量与更先进的教学设施。《大学英语》课堂上，任课教师习惯采用多媒体辅助教学，课堂教学用语也以英语为主。也正是在高校中，学生 M 才第一次正式接触到英语听力课程。然而，从小通过"语法——翻译法"学习英语的学生 M 很难适应《大学英语》课堂中的教学模式。首先，英语作为主要的课堂媒介语，令学生 M 无法充分地理解目标教学内容。学生 M 在基础教育阶段未曾接受过正式的英语听力训练,面对高校英语课堂上突然出现的大量英语输入,学生 M 首先须理解任课教师用英语所表达的内容,再进一步了解课堂教学内容,因而在课堂上的学习任务量骤然增加。其次,高校的英语任课教师更加关注对学生英语听、说能力的培养。在课堂上,任课教师反复使用英语进行提问,形成与学生的互动。而学生 M 在其过往的学习经历中,从未进行过针对英语口语能力的相关训练,甚至直到大学期间还无法识别音标。由此,每当任课教师进行课堂提问时,学生 M 因对自己的英语口语信心不足而回避与任课教师形成互动。最后,完全使用多媒体教学,意味着课堂教学内容的增加,也使学生 M 难以把握教学重点。学生 M 反映,在课堂上看着一张张色彩丰富的课件,自己极易沉溺于课件本身,而忽略任课教师的讲话。与此同时,任课教师在每节英语课上使用的 PPT 数量很多,有时甚至多达四、五十页课件,这使得原本就在课堂上难以"消化"教学内容的学生 M,在课后须耗费更大的精力温习功课,形成较大的学习压力。

"上课的时候老师说英语太多了,我原来没怎么练过听力,有时候根本听不懂。有时候就算听懂了,也得反应半天,老师都已经讲到后面去了。……口语我也不行。原来上中学的时候老师们都不给我们教读音,我到现在还不会音标。现在不行了,老师老用英语提问,我就不敢回答了,因此从来没说过嘛,怕说错。有时候我也想模仿老师念一下,又怕同学笑话。他们(同学们)好多都是城里面长大的,英语念得都挺好的。……还有就是 PPT。那些 PPT 都花哨得很,我上课有时候盯着看,就没听老师在讲啥。而且用 PPT 的话上课讲的快,讲的东西就多了。有时候一节课那个 PPT 都好几十页,讲的内容一多,我就听不懂了,那下课要花的时间

就多了。"（20170606XM，学生 M 访谈转写）

二 自主学习："能选对答案就行"

自小便勤学苦读的学生 M 早就习惯了在课余时间温习功课。除了在《大学英语》课堂上表现积极外，学生 M 几乎每天都会去学校的图书馆自主学习。学生 M 认为，任课教师在《大学英语》课堂上所授的内容看似丰富多彩，但却难以满足自己学习英语的终极目标——考试。

"大学里面的（英语）考试主要就是两种，一个是期末考试，一个是四级（大学英语四级考试）。我觉得平时学的（大学英语课程）应付期末考试倒是问题不大，（因为）考试内容基本上都是课本上的原题，平时多背一背，期末考试就不会差。但是四级就麻烦了，课堂上讲的那些花花肠子，到四级的时候又不考，有啥用呢。……还有听力，听力我真是一个字都听不懂，（因为）原来根本就没有学过。那个时候（中学）英语就是背的汉语，念也念不准，当时问老师，她说你认得就行。平时从来没有读过英语，听力也从没听过。"（201706021XM，学生 M 访谈转写）

研究者通过对学生 M 的自主学习进行观察发现，该生几乎在每次的自习过程中，学习英语的时间几乎占据了其自习时间总量的绝大部分。学生 M 的英语自习环节主要由记忆单词、研习语法、完成《大学英语》教材中的练习题三个环节构成。首先，学生 M 认为，自己的英语词汇量远未达到大学英语四级的考核标准。对此，学生 M 专门购买了《新东方大学英语四级词汇》一书，在自习过程中利用大量的时间反复抄写目标单词。其次，学生 M 非常重视对英语语法的研习。据研究者观察，该生有课前预习、课后复习《大学英语》课文的习惯。在此过程中，学生 M 会经常查阅自己购买的英语语法读本，试图剖析课文中的每一个长、难句。最后，为了能够在《大学英语》期末考试中取得良好的成绩，学生 M 会在英语课后仔细地完成课本中的练习题。对此，学生 M 解释道，由于任课教师习惯使用《大学英语》教材中的原题作为期末考试题目，因此自己会竭尽全力地完成并记忆课后习题的答案，以便自己能够在期末考试中取得高分、拿到相应的奖学金。

"我感觉我词汇量跟四级（的要求）比起来还是不行，所以一直没敢报，先背单词吧。但是你看我单词抄了这么多纸，还是记不住，效率不行。……语法我感觉挺重要的，我每次要把句子分析清楚，看不懂就查一查（语法书）。学英语主要不就是学语法吗？那我肯定应该把这个（句法）弄清楚啊。……练习题其实没啥用，但是期末考试爱考。我们英语老师每次出题（期末考试），好多都是书上的原题。那我肯定要认真看呢，有时候还要背会答案，考试考好了有奖学金啊。我家里也不太富裕，奖学金还是挺重要的。"（201706021XM，学生 M 访谈转写）

大学英语四级考试是学生 M 进入高校以来努力学习英语的"终极目标"。学生 M 表示，在中学时期，自己为了争取到更多的学习时间，甚至不惜违背父母的意愿，最终才仅通过复读、预科班的途径勉强进入高校。因此，学生 M 励志一定要通过大学英语四级考试，顺利毕业、找到一份"体面"的工作。研究者在对学生 M

的自习环节进行观察时注意到，在大学英语四级考试前夕，学生 M 花费了大量的时间为考试做准备。除了一遍一遍地抄写大学英语四级词汇表外，学生 M 还购买了历年大学英语四级考试真题，几乎每隔一天就会定时完成一份真题。然而，令研究者感到惊讶的是，虽然学生 M 在大学英语四级考试前夕做了大量的准备工作，但却在考试当天"临阵脱逃"了。对此，学生 M 作出如下解释：

> "《大学英语》课一共就两年，眼看就结束了，以后再没有期末考试了。后面的主要任务就是四级了。我每次期末考试考得还挺好的，因为都是书上的题嘛。四级又不考书上的题，所以我怕我考不好。……我看我们班好多同学都没考过，我自己心里也没底了。当时（中学时期）为了上学，把我爸妈都得罪了，万一我考不好，他们又不让我念了咋办。……我平时花了那么大功夫学英语呢，万一考不过，同学们笑话我呢。……而且我听力不行啊，原来每次准备的考试就是背一背，觉得考试的时候能选对答案就行了。四级又不一样，听力啥都听不懂，阅读的单词也不认识，肯定选不对啊。……想到这些，我还是觉得这次就算了吧，下次再考，下次我一定再准备充分一些。"（20170703XM，学生 M 访谈转写）

三 课余生活："我总是感觉低人一等"

研究者在对学生 M 的追踪观察过程中发现，学生 M 的大学生活相对单一，不论是在课堂上还是下课后，学生 M 总是形单影只，很少与其他同学来往，这与同专业其他同学丰富多彩的课余生活形成较大反差。学生 M 所学的社会工作专业是学校的边缘学科之一，生源的英语基础普遍较差，绝大多数学生对《大学英语》课程的热情度不高，但在课余却经常有聚餐、玩电脑游戏、唱歌等多类休闲娱乐活动。与之不同的是，学生 M 在上课时独自一人坐在前排，很少与同班其他同学形成交流。此外，该生在课后的自习环节，甚至上课、下课的路上也独来独往，几乎不与同班、同寝室的同学聚集，也很少参加其他课余活动。对此，学生 M 作出如下解释：

> "我老是感觉自己好像比别人低一等。因为我是（通过）预科上来的，还复读过，班里其他同学都是正规考进来的。他们有好多共同语言，我年龄比他们大，感觉也没啥跟他们说的话。……还有就是我是少数（民族学生），吃饭啊啥的跟他们也弄不到一起。我得吃清真的，他们不管在食堂吃饭还是到外面吃，我都没办法跟他们一起，所以也就不怎么跟他们来往。……我周末了还得兼职去。我们家里有五个孩子，我还有弟弟妹妹们要上学，家里没有太多的钱供我上大学，我的生活费我得自己想办法啊，所以你说周末他们（同学们）出去玩、吃饭、唱歌、去网吧什么的，我又没有钱、也没有时间跟他们这么玩啊。"（20170703XM，学生 M 访谈转写）

虽然平时与同班同学的交往较少，但学生 M 在闲暇之余经常与曾经的预科班同学聚在一起。每逢周四晚，学生 M 会与预科班的东乡族同学一起参加本校的"老乡会"，其中不乏聚餐、唱歌、读书等课余活动。学生 M 表示，预科班里的同学们绝大多数是少数民族，与自己具有相似的饮食习惯与文化习俗，在生活中更加"容易接触"。因此，自己更愿意与之前在预科班里的相识同学们一起玩耍，而非目前的同班同学、寝室室友们。

"我平时没事了还是更爱跟预科班的同学一起聚一聚。……预科班里的同学大部分还是少数民族,我们吃饭啊、风俗习惯啊都比较相似,我可以跟她们平等地交流,感觉容易接触一点。……就像我刚才说的,我老是感觉自己比现在班里的同学低一等,跟她们玩不到一起,也说不到一起。她们也不爱跟我玩,我在宿舍里有时候都很少说话,(因为)她们说的那些话题我也不懂。"(20170703XM,学生 M 访谈转写)

第六节 学生 M 的外课学习生活剖析

在本章,研究者主要采用深度访谈与观察相结合的方法,对甘肃某政法类大学社会工作专业的大学二年级本科生学生 M 进行了个案追踪调查。通过梳理该研究对象的家庭环境与求学经历,研究者发现学生 M 在求学过程中,存在较显著的英语学习焦虑心理,具体表现为"交际畏惧"、"消极评价恐惧"与"考试焦虑"三个类别(Horwitz & Young, 1991)。例如,学生 M 在《大学英语》课堂上回避与任课教师的互动、担心同学嘲笑自己等现象,可归属于"交际畏惧"的范畴;学生 M 在两次高考期间出现失眠、体虚多汗等现象,是"考试焦虑"的表征方式之一。高校的大学英语四级考试前夕,尽管学生 M 花费了大量的时间与精力去备考,却因担心家人失望而最终放弃参加考试,可归属于"消极评价恐惧"的范畴。

个体的心理行为是个体自身、个体与环境之间等因素共同作用的,可从个体的社会属性、个体周围的生活环境等方面入手进行多维度分析(Lewin, 1951)。在本节,研究者以图 6-3 的分析框架为线索,将学生 M 的学习生活环境划分为学校场、家庭场、社区场以及课余活动场四个方面,通过上述四个维度讨论该研究对象产生"交际畏惧"、"消极评价恐惧"、"考试焦虑"的原因。

一 学校场

纵观学生 M 的求学经历,学校场并未给学生 M 提供充足的英语听、说环境,这是导致研究对象在学习英语过程中产生交际畏惧的直接原因之一。

一方面,基础教育阶段任课教师对学生英语听、说能力的培养关注不足。受限于家乡薄弱的基础教育条件,学生 M 就读的小学——达板镇拱北滩小学并未配备足够的英语专业任课教师。当时,学生 M 的英语任课教师由语文教师兼任,课堂中涉及的教学内容以英汉翻译、单词记忆为主,对音标、常用词语搭配等语言基础涉及不足。在此环境下,学生 M 并不清楚自己学习英语的目的与重要性,在疑惑中仅学会了如何书写 26 个英语字母、记忆了几个常用的英语口头用语;中学时期,学生 M 的中学英语教师发音并不标准,加之该校当时还未配备多媒体教学设备,英语任课教师主要使用"语法——翻译法"进行教学,很少关注到对学生的英语听、说能力培养。在此教学模式下,学生 M 的学习方法较单一,即通过分析课本中出现的句法结构、抄写单词来实现对教学内容的熟悉与理解;高考复读阶段,英语教师所采用的"填鸭式"教学方法多关注历年高考试题的讲解,在课堂上依然没有涉及对学生听、说能力的培养。

另一方面,受任课教师单一教学模式的影响,学生 M 自小养成的英语学习策略、学习动机也不利于其听、说能力的发展。研究者在对学生 M 的自主学习环节进行观察时发现,该研究对象为了顺利通过大学英语四级考试,在课余花费了大量的时间反复抄写目标单词、研习英语阅读材料中的长难句。在学生 M 看来，能够在考试中选出正确答案、顺利拿到证书就是自己学习英语的终极目标。在此学习策略与动机下，学生 M 的英语听、说能力并未得到充足地训练。

进入高校以后，教学方法、教学设施的突然转变使学生 M 英语听、说能力的不足逐渐凸显出来。首先，任课教师在《大学英语》课堂上使用英语作为主要教学媒介语，致使从未接受过英语听力训练的学生 M 无法充分地理解教学内容。面对高校英语课堂上突然出现的大量英语输入，学生 M 首先须理解任课教师用英语所表达的内容，再进一步了解课堂教学内容，急剧增长的课业压力促使学生 M 的英语学习负担增大。其次，高校的英语任课教师更加关注对学生英语听、说能力的培养。在课堂上，任课教师反复使用英语进行提问，形成与学生的互动。而学生 M 在其过往的学习经历中，从未进行过针对英语口语能力的相关训练，甚至直到大学期间还无法识别音标。由此，每当任课教师进行课堂提问时，学生 M 因对自己的英语口语信心不足而回避与任课教师形成互动。最后，多媒体辅助教学令学生 M 极易沉溺于课件本身，而忽略任课教师的讲话，致使研究对象难以把握教学重点，学习英语的自我效能感逐渐降低。

通过对学生 M 的课堂表现、课后自主学习环节进行分析可见，在学校场域中，（1）学生 M 自身英语听、说能力的不足；（2）学习策略与动机的倾向性；（3）新教学方法与教学手段的冲击，是研究对象在其高校学习生活中出现"不敢使用英语与任课教师互动""担心受到周围同学的嘲笑"等交际畏惧表征的主要影响因素。

二　家庭场

家庭场是学习生活的另一个重要组成部分。通过对研究对象的追踪调查，研究者发现学生 M 的家庭语言环境、家庭成员的语言态度，以及家庭成员对学生 M 的教育期望，在一定程度上对学生 M 的英语学习起到了消极作用。

首先，学生 M 出生于甘肃省东乡族自治县达板镇。该地区的绝大多数居民为东乡族，东乡语是当地居民的主要日常交流用语。与此同时，在学生 M 的家庭内部，由于父亲常年外出工作，负责照料全家起居的母亲是一名传统的穆斯林家庭妇女，并不懂得汉语，因此，东乡语也是学生 M 在家中的唯一家庭用语。在此语言环境下，学生 M 并未在日常生活中系统地学习、使用过汉语。小学三年级以后，新开设的英语课程采用汉语作为教学媒介语，致使学生 M 须借助自己并未熟练掌握的第二语言——汉语去理解目标教学内容，这在一定程度上增加了研究对象的英语学习负担：在英语课堂上，学生 M 首先须理解任课教师的课堂教学用语，再通过课堂教学用语去理解课堂上所涉及的教学内容。由此可见，以东乡语为唯一日常交流用语的家庭环境，无法为学生 M 学习汉语提供必要的语言环境，也间接影响到了小 M 的英语学习效果。

其次，学生 M 从小身处于一个传统的穆斯林家庭，相对于在学校教育中被动学习的英语，阿拉伯语在其家庭成员的心中占据着举足轻重的地位。学生 M 的父亲是一位虔诚的穆斯林信徒，除了外出从事货物运输工作以外，父亲闲暇之时最重要的爱好就是熟读《古兰经》、并为自己的孩子们讲解其中的教规与礼仪。学生 M 的父亲认为，尽管英语是现代教育的重要组成部分，能够在"现世"之中为人们提供便利，但是，东乡族群所信奉的《古兰经》教义代表着"后世"，这意味着学好阿拉伯语、掌握《古兰经》教义能够为人们的"下一世"提供便利。眼看学生 M 在校花费了大量的时间与精力学习英语，却依旧无法取得令人满意的效果，学生 M 的父亲实际上更倾向于让女儿投入更多精力去学习阿拉伯语，从而对穆斯林女性的教规有更深刻地了解，因为上述事物才是一名成年穆斯林女性所必备的基本素养。在此家庭语言态度的驱使下，学生 M 除了在校学习英语外，课余时间还须听从父母的意愿，通过诵经、参加阿拉伯语学习班等方式输入另一门外语——阿拉伯语，高强度的外语学习任务致使学生 M 无暇顾及在校期间所遗留下来的英语听、说困难问题。

最后，家庭成员对学生 M 过于保守的教育期望也不利于研究对象的心理健康发展。据学生 M 描述，绝大多数东乡族认为，族群内部的女子一旦成长至十四岁，就意味着已经成年，应开始考虑出嫁事宜。学生 M 在接受中学教育期间，很多与其年龄相仿的女孩都被家人劝说、甚至逼迫辍学，在家学习家务活、针线活等，以期能够早日出嫁。在此风俗习惯的影响下，学生 M 的家庭成员也存在比较明显的重男轻女倾向。一方面，学生 M 的父亲经常带着哥哥、弟弟们外出"见世面"，而另一方面，学生 M 从小却只能留守在家中，学习做家务、跟随母亲默念经书等，很少与外界交流。自初中毕业以来，父母便认为学生 M 已经完成了必要的学习任务，应将未来的学习重点转向如何操持家务、为自己的出嫁做好准备。父母的"催婚"行为令学生 M 产生了较大的心理压力：该生的学习成绩一旦无法得到父母的认可，父母便会借机终止其学业，督促其尽早成家。这可能是学生 M 在两次高考过程中过度紧张、高校期间畏惧参加大学英语四级考试的潜在原因之一。

综上所述，学生 M 的家庭语言环境与家庭成员的语言态度，导致研究对象在基础教育阶段英语听、说能力薄弱，这是其在英语学习过程中产生交际畏惧心理的基本条件；家庭成员内部重男轻女的思想，致使研究对象从小与外界交流的机会较少，且在学习过程中面临着较大的心理压力，这也是导致研究对象出现消极评价恐惧、考试焦虑现象的重要影响因素。

三 社区与课余活动场

从学生M的学习经历来看，该生所处的社区环境与课余活动联系紧密，大致可分为两个阶段，即基础教育阶段与高校教育阶段。在本节，研究者对学生M在上述两个阶段的个人体验分别予以讨论，挖掘社区与课余活动场域对研究对象的英语学习焦虑有何影响。

在基础教育阶段，学生M的课余活动单一，社区环境对研究对象的学习生活影响较小。受东乡族"男尊女卑"传统观念的影响，父母对学生M及其兄弟的教育方式存在差异。一方面，学生M的父母全力支持哥哥与弟弟的学业，并经常带其外出"见世面"；另一方面，父母却对学生M的教育期望不高，更倾向于让学生M留守在家中，学习家务事宜、跟随母亲默念经书等，以期让学生M早日成家。在此传统观念与教育方式的影响下，学生M除了在校完成既定的学业课程外，其余课余时间几乎均在家中度过，从小就难有机会与外界形成交流。

进入高校以后，学生M先后以预科生与本科生的身份体验了两种不同的社区环境，即（1）少数民族生源构成的预科班；（2）汉族生源占据绝大多数的社会工作专业班级。根据研究者的观察，不论是在课堂上还是在下课后，学生M均很少与同专业的同学们来往：在课堂上，学生M习惯独自一人坐在前排，很少与同班其他同学形成交流；在课后的自习环节，甚至上课、下课的路上，学生M也独来独往，几乎不与同班、同寝室的同学聚集。针对上述行为，学生M表示，自己总感觉比班里的汉族同学们"低一等"：学生M是通过复读、预科班的形式才勉强进入高校学习的，很难与同班的其他同学产生共同语言，且在饮食起居、兴趣爱好、经济条件等各个方面也与身边的汉族同学们差距较大。对于学生 M 来讲，在预科班结识的少数民族同学们与自己有着相似的饮食习惯与文化习俗，相比较之下也更加"容易接触"。因此，在闲暇之余，学生 M 经常与预科班的"老乡"们一起聚餐、唱歌、读书等。

通过对学生 M 所处的社区环境及课余活动进行梳理可见，中、小学时期的学生 M 受限于东乡族传统观念，长期处于相对闭塞的环境当中，课余活动单一，与外界的交流极少，致使研究对象逐渐形成了行事独立、不善与人交流的性格特征，这是学生 M 在英语学习过程中产生交际畏惧的潜在影响因素；就读大学期间，由于饮食起居、兴趣爱好等多方面的差异，学生 M 难以适应由汉族同学占据主体地位的社区环境，而更加倾向于与自己饮食习惯、文化习俗相似的"老乡"们一起进行课余活动，表明学生 M 的东乡族文化认同感仍然强烈。语言是文化的重要表征方式之一。对于信仰伊斯兰文化的东乡族而言，阿拉伯语在该族群当中占据十分重要的地位。与之相比，学习英语仅是升学考试的重要途径，学生 M 并未从文化上真正认同英语，因此，与考试成绩无明显相关性的英语交际能力从未得到过学生 M 的正视，导致其听、说能力长期得不到发展，这可能是研究对象产生交际畏惧的另一方面原因。

第九章 语言冲突下的外语学习生活：困境与选择

本章内容主要回答研究问题（2）与研究问题（3）。研究者基于前文所涉及的三位研究个案，归纳目标研究群体产生英语学习焦虑的原因、分析上述原因与语言冲突之间的关系，进而从外语教育规划层面提出调节东乡族本科生英语学习焦虑的对策与建议。

第一节 "生活世界"中的外语学习体验

现象哲学认为，认识产生的途径是个体对现象的直观体验。当个体注意到某个物体或某类事物时，即会产生对外部事物的"原始直觉"。"原始直觉"是个体对事物的最初体验，与人类的日常"生活世界"密切相关。在教育实践当中，具有教育意义的行为或思维（即教育现象）与教育参与者的生活经验密不可分。由此，剖析东乡族本科生的日常学习生活环境，探索目标群体的学习生活体验，是解构其英语学习焦虑现象的有效途径。

根据学习生活场域的不同，研究者对三位研究个案进行对比，发现尽管研究个案的求学经历各不相同，但其在"生活世界"中所体验到的语言环境、双语教育、语言态度以及身份认同四个方面均表现出了不同程度的相似性,这可能是导致目标研究群体出现英语学习焦虑现象的重要因素。

一 语言环境

语言环境是指语言学习者在习得、使用第二语言过程中所处的环境(István Kecskés, 2000)。语言环境既包括正式的环境(formal linguistic environment),如课堂教学中的语言环境,也包括非正式的环境(informal linguistic environment),如自然语言环境(戴曼春、肖云南, 1995)。环境对语言学习者的二语习得/二语学习效果起到至关重要的作用。Gass 与 Selinker(2008)认为,第二语言习得的过程既具有心理语言学的性质,也具有社会环境学的性质。Williams 与 Burden(1997)同样提到,学习环境对语言习得的影响不可低估,因为不论是母语习得、二语习得还是外语习得,总是在一定的学习环境中进行的。结合前文所涉及的研究个案可见,尽管三位研究对象的家乡分布于甘肃省东乡族自治县的不同区域,但其所处的家庭、社区环境均呈现出如下几个特征:

(1)地理环境闭塞,人口构成单一。甘肃省东乡族自治县地形多山,交通极为不便。在此客观条件的影响下,东乡县的流动人口相对较少,除东乡县城及个别交通枢纽地段外,辖区内的绝大多数人口均为当地的东乡族,东乡语是其日常生活中的唯一交流用语,这导致成长于该地区的东乡族儿童很难接触到除东乡语以外的其他语言。以研究对象 J 为例。学生 J 的家乡——东乡县风山乡山路崎岖、交通闭塞,虽然距东乡族自治县县城仅约 30 公里,却须通过步行、转车等方式,辗转数小时才可到达县城。受制于当地的地形、交通等客观条件,该地区的外来人口极少,绝

第九章 语言冲突下的外语学习生活:困境与选择

大多数人口均为土生土长的东乡族,在日常生活、宗教活动中通用东乡语。在此语言环境下,孩童时期的学生 J 仅通过报纸、收音机、零食的包装袋等途径附带性地接触汉语。闭塞的地理环境、单一的人口构成无法为学生 J 自然习得汉语提供足够的目的语输入,研究对象直至初等教育阶段才开始通过课堂教学的途径正式接触汉语,致使其汉语水平发展缓慢。小学三年级以后,在研究对象的汉语水平仍未得到充分发展的前提下,又被迫以汉语作为课堂媒介语来学习英语,这势必会影响到其随后的英语学习效果。

(2)家庭成员内部通用东乡语,几乎从不使用汉语。东乡族群从小在家自然习得东乡语,汉语作为第二语言,多通过课堂教学的途径为东乡族群所掌握。然而,由于东乡县基础教育薄弱,老一辈东乡族的受教育程度较低,且女性东乡族群体受"男尊女卑"传统观念的影响,受教育过程中被迫辍学、甚至从未接受过正规教育的现象尤为普遍。加之东乡族自治县相对闭塞的地理、交通条件,上述人群难有外出接触汉语的机会。在此背景下,老一辈东乡族、尤其是女性东乡族的汉语水平极其有限。由此,东乡语成为东乡族群在家中的唯一日常交流用语。以学生 L 为例。由于父母长期外出务工,学生 L 从小由赋闲在家的爷爷、奶奶照料。学生 L 的爷爷为小学文化程度,所识汉字极其有限,加之一生未曾离开过家乡,常年使用东乡语的爷爷已难以流利、自如地通过汉语进行交流;学生 L 的奶奶从未接受过正规教育,更是完全不懂汉语。在此环境下,学生 L 不得不在家中使用东乡语与爷爷、奶奶进行沟通交流。

东乡语在词汇、句法层面与英语有很大的差别,这导致常年在家通用东乡语的东乡族学习者在学习英语的过程中,会受到比汉族学习者更严重的母语负迁移问题。首先,在词汇层面,由于东乡语中并不存在"咖啡"、"果汁"、"鳄鱼"等词汇,须借助汉语才可与英语的"coffee"、"juice"、"crocodile"等一一对应,这在一定程度上加深了东乡族英语学习者理解与记忆目标语词汇的难度;其次,东乡语的基本语序为 SOV 结构(如"我吃饭了"在东乡语中须表达为"我饭吃了"),即宾语在谓语之前(罗莉,2015),而英语的句式则以 SVO 为主,这就意味着东乡族英语学习者在理解、掌握英语句法的过程中也会受到更大的挑战。可见,家庭成员内部通用的母语——东乡语,在一定程度上为东乡族英语学习者赋予了更多的负迁移作用。

(3) 东乡族社区内不论男女老少,皆信仰伊斯兰教。诵读《古兰经》、前往附近的清真寺"做礼拜",是东乡族群在周末最重要的宗教活动。研究者在对三位研究对象的个案追踪调查中发现,在东乡族自治县县城、临夏回族自治州临夏市等当地的政治、经济、文化中心,随处可见带有阿拉伯元素的商业标牌(如图 9-1)。公共路牌、商业标牌、街道名、地名、商铺招牌、政府标牌等可构成某一地区或城市的语言景观(Landry & Bourhis,1997)。语言景观一般具有两大功能,即信息功能(informative function)和象征功能(symbolic function)。前者是指语言景观能够提供信息,使读者了解某个语言群体的地理边界和构成、以及该社区内的语言使用特点;后者是指语言景观能够映射该言语社区(speech community)内的语言权势与社会身份和地位。因此,标牌中所显示的文字并不仅是语言符号的简单、随机陈列,其背后往往蕴含着语言行为、象征意义和思想意识(尚国文、赵守辉,2014)。

为考察当地东乡族、回族居民的阿拉伯语识别能力,研究者采用拉波夫式"快速匿名调查法"(Rapid Anonymous Method)对途经上述标牌的东乡族、回族居民进行调查。调查结果表明,绝

第九章 语言冲突下的外语学习生活:困境与选择

图9-1 东乡县、临夏市的阿、汉语商业标牌

大多数被试群体均难以识别标牌上的阿拉伯语。由此可见，东乡族自治县县城、临夏回族自治州临夏市带有阿拉伯元素的商业标牌，起到的作用在很大程度上是象征性的，而非信息性的。这也从侧面反映出，《古兰经》的书写用语——阿拉伯语在东乡族的民俗文化中占据较高的象征性地位。

尽管绝大多数东乡族对阿拉伯语日常用语的识别度不高，但全民信仰伊斯兰教的民俗传统，使社区内的学龄儿童在正式学习汉语、英语知识之前，就已经或多或少地通过《古兰经》接触到一些基本的阿拉伯语知识。为了更好地理解《古兰经》中的教义，东乡族群有在清真寺中学习阿拉伯语、在家庭内部传授阿拉伯语的风俗习惯。以研究对象学生J为例。学生J在接受正式的学校教育之前，就已经通过爷爷讲述的《古兰经》了解了不少伊斯兰教规与浅显的阿拉伯语知识；除此以外，学生J与邻居的小伙伴们每逢周末还会一同前往附近的清真寺，跟随当地阿訇学习阿拉伯语、了解伊斯兰教规。

综上可见，在地理环境闭塞、人口构成单一的客观条件制约下，东乡族在其家庭、社区内部，以东乡语作为主要的日常交流用语。除此以外，受伊斯兰宗教信仰的影响，阿拉伯语在东乡族群的社区中占据较高的地位。在此语言环境的作用下，母语的负迁移、课堂媒介语的理解与转换、文化认同等因素，为东乡族学龄儿童的第二语言（汉语）与外语（英语）发展赋予了一定的挑战。

二 双语教育

《国家中长期教育改革和发展规划纲要（2010—2020年）》（以下简称《教育规划纲要》）提出，要大力推进双语教学。其中包括"尊重和保障少数民族使用本民族语言接受教育的权利"、"全面加强学前双语教育"、"国家加大对双语教学的支持力度"等重要提案。所谓双语教育，一般是指在语言课程以外的所有课程中使用两种语言进行教学的一种教学模式（Fishman，1978）。李璇（2008）根据双语教育的定义，认为双语教育应具备三个基本特征：在教学中使用至少两种语言；在教育目标中应包涵培养双语者；双语教育应视为一种体制，而学校教育仅是双语教育的一个组成部分。Fishman（1978）根据双语教育的目的，将其划分为过渡性双语教育、单语识字的双语教育、部分平衡发展的双语教育、完全平衡发展的双语教育四种类型。潘章仙（2003）将我国的双语教育分为两大类，即保持少数民族语言的双语教育、提高外语水平（主要是指英语）的双语教育。

虽然不论是从双语教育的目的、还是从双语教育所涉及的语种来看，"保持少数民族语言的双语教育"（即民-汉双语教育）与"提高外语水平的双语教育"（即英-汉双语教育）这两种教育模式均是我国双语教育结构中自成体系、相对独立的两个分支，但本书认为，上述两种双语教育模式之间实则具有相当紧密的联系。在我国的少数民族地区、尤其是本族语占据主流地位的东乡族自治县，民-汉双语教育的教学目标实际上可视为英-汉双语教育的基础：少数民族学生首先需要通过民-汉双语教育的途径学习汉语，再以汉语为教学媒介语，进一步掌握英语。由此可见，在本族语作为主流日常交流用语的少数民族地区，汉语既是民-汉双语教育的教学目的，又是英－汉双语教育的起点与媒介，在两种双语教育模式中充当着极其重要的串联作用（如图9－2）。

```
                保持少数民族语言的双语教育           提高外语水平的双语教育
                  （民－汉双语教育）                （英－汉双语教育）
   ┌──────┐                          ┌──────┐                          ┌──────┐
   │ 本族语 │ ───────────────────────▶│ 汉语 │ ───────────────────────▶│ 英语 │
   └──────┘                          └──────┘                          └──────┘
```

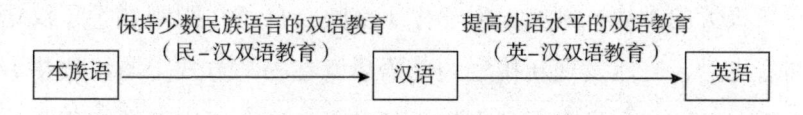

图9－2　汉语在两种双语教育模式中的串联作用

结合图9－2的双语教育发展模式，研究者发现东乡族英语学习者在其整个求学经历中所表现出的英语学习劣势，归根结底在于目标研究群体在小学阶段面临的双语教育过渡不利。具体表现为以下三个方面：

首先，在实施民－汉双语教育的过程中，东乡族学生的汉语学习效果低于预期。东乡族自治县基础教育薄弱，各项教育指标长期处于各民族之末（曹建华、陈其斌，2011）。一方面，大部分东乡族儿童在接受初等教育之前，并没有机会接受学前教育，在家庭、社区通用东乡语的环境下自然习得、使用东乡语，直至正规教育阶段（小学阶段）才开始在课堂中接触并学习汉语，缺乏足够的汉语输入与输出。另一方面，东乡族自治县绝大多数小学任课教师均为当地的东乡族，日常生活中同样使用东乡语，而在课堂教学环节却转用自己并不熟悉的汉语进行教学，存在汉语普通话发音不标准的问题。如此一来，东乡族学龄儿童在缺乏汉语使用环境的前提下，突然被置身于汉语普通话发音并不标准的课堂环境中，导致东乡族学龄儿童的汉语水平，尤其是汉语听、说能力远低于教育预期。

其次，从历时角度来看，第二语言与外语的课程衔接过于紧密，致使东乡族学生出现"英语与汉语拼音混淆"、"英汉词汇无法一一对应"等问题。如前所述，在学生汉语学习效率低下，尤其是汉语听、说能力远低于教学预期的前提下，东乡族辖区的各小学响应教育部门统一规划，在小学三年级开设英语课程，这对东乡族学龄儿童的英语发音、单词记忆、句法理解等学习任务赋予了极大的挑战。例如，据学生 J 反映，自己在刚刚熟悉了汉语拼音之后，突然发现新接触的英语尽管在书写方式上与汉语拼音几乎一致，却在发音上存在极大的差异。这令研究对象在很长一段时间内难以辨别汉语拼音与英语，而准确地拼读英语单词对于学生 J 来说更是难上加难。再以研究个案 L 为例。由于学生 L 在日常生活中几乎从未接触、使用过汉语，因此初等教育阶段也仅是通过课堂教学的途径学习汉语，汉语的词汇量、句法分析能力均极其有限。而在新开设的英语课程中，出现诸多在东乡语中并不存在、需要借助汉语概念才能充分理解的词汇（如 coffee、Juice、crocodile 等）；许多与东乡语顺序颠倒、却与汉语句法相似的英语句式（SVO 句式）。这令汉语水平本就薄弱的学生 L 学习任务剧增：自己首先须要熟练掌握汉语，再借助汉语的单词、句法进一步理解英语。由此可见，在小学三年级开设英语课程，虽然对于我国绝大多数汉族学生来讲司空见惯，但对于还未充分掌握汉语的东乡族学生来说，第二语言与外语的课程衔接便显得过于紧密。

最后，在实施英－汉双语教育的过程中，东乡县部分中小学的教学实施落后、英语任课教师的教学方法单一。结合前文所涉及的研究个案可以看出，东乡县辖区内的绝大多数中小学仍未普及多媒体教学设施，且当地的英语师资力量薄弱，任课教师多采用"语法—翻译法"进行课堂教学。长期置身于此教学环境中，东乡族英语学习者在课堂上更加关注如何机械地记忆英语单词、理解课文内容等，而对自身英语听、说能力的发展全然忽视。进入高校以后，面对英语课堂中大量使用的英语听说设备、多媒体课件、高校英语教师的互动式教学方法，东乡族英语学习者表现出"难以紧跟课堂进度"、"注意力不集中"、"畏惧与英语任课教师进行交流"等现象。基础教育与高等教育如此巨大的反差,不仅令东乡族英语学习者无法针对自己的英语薄弱环节做进一步补充,且新的教学环境放大了东乡族英语学习者的劣势,致使其在高校英语学习阶段出现自我效能感降低、畏惧与任课教师及其他同学交流等不良心理反应。

三 语言态度

语言态度是一种复杂的社会心理现象,指人们在社会认同、情感等因素的影响下,对某种语言的社会价值所形成的认识与评价(倪传斌等,2004)。作为社会语言学研究的重要课题,语言态度研究缘起于20世纪中后期,Lambert通过"自我汇报"(self-report)、"变语配对"(matched guise techinque)等一系列实验,发现第二语言学习者对待目标语言的态度决定了学习动机,进而影响到学习者的第二语言学习效果。随后,Gardner等(1983)提出,语言态度与第二语言学习者所处的社会环境相互作用,对第二语言学习者的学习动机起到重要的影响。

纵观本研究所涉及的三位研究对象可见,东乡族外语学习者在其学习生活中主要接触四种语言:东乡语、汉语、英语与阿拉伯语。首先,受限于甘肃省东乡族自治县相对闭塞的地理与交通条件,东乡县的流动人口相对较少,辖区内绝大多数人口均为当地的东乡族。在此社区环境中,东乡语作为东乡族的母语,承载着大量的东乡族文化传统,是东乡族最重要的日常交流用语。

其次,汉语作为东乡族的第二语言,是东乡族与外界其他民族交流的唯一工具。除了作为课堂教学用语以外,汉语对于东乡族学生来讲还具有一定的经济价值。例如研究对象L认为,汉语是东乡族学生日后找工作、经商的最基本素质,因此,懂得汉语、能够与外界交流的东乡人无疑会有更光明的"前途"。

再次,东乡族全民信仰伊斯兰教,族群人在宗教活动中会接触到《古兰经》的书写用语——阿拉伯语。研究者结合个案研究的结果发现,在东乡族的心目中,阿拉伯语主要具备三种价值:(1)工具价值。如前所述,阿拉伯语是《古兰经》的书写用语,对于信仰伊斯兰教的东乡族来说,只有掌握一定的阿拉伯语知识,才有可能理解经书中的教义。(2)经济价值。部分东乡族人有前往西亚阿拉伯国家做进、出口贸易的习惯。因此,具备一定的阿拉伯语基础,是贸易双方进行商业洽谈、增进商业往来的基本要求。(3)象征作用。在多数东乡族看来,懂得更多的阿拉伯语就意味着对伊斯兰教义的理解更为深刻,同时也意味着能够受到族人更多的尊敬。例如,学生 L 提到,在东乡族自治县辖区内,判断当地阿訇是否合格的重要衡量标准之一,就是其掌握阿拉伯语的程度如何。因此,受东乡族人尊敬的阿訇一般会具备更高的阿拉伯语水平。除此以外,研究对象 M 的父亲在访谈中同样提到:"《古兰经》代表'后世',就是说我们要有信仰,不然后一世就会过得不好,所以说阿拉伯语对于我们东乡人来说就很关键,一定要学好……"。

最后,相对于对东乡语、汉语以及阿拉伯语的积极态度,东乡族群普遍对待英语的态度较为"功利"。例如,学生 L 认为,英语是中考、高考中最重要的考试科目之一,尽管身边的大多数同学们都不愿意学英语,但都必须要"硬着头皮去学",以达到升学的目的。可见,东乡族外语学习者学习英语的主要动机为工具性动机:尽管东乡族外语学习者并不喜欢学习英语,甚至对学习英语具有一定的抵触情绪,但是为了升学、为了获取更理想的考试成绩,东乡族学生仍须努力提高自己的英语学习成绩。在此工具性动机的影响下,东乡族外语学习者在英语考试过程中承担了过重的心理压力,这是造成其出现考试焦虑与消极评价恐惧的重要因素。

外语学习者对待目标语言的态度决定了学习动机,而学习动机又与学习者的学习策略紧密联系。在以考试为目的的动机驱使下,东乡族学习者的英语学习策略也主要是围绕如何考取更高的成绩而展开。例如,研究对象 J 提到,自己在大学期间学习英语的关键原因在于考取大学英语四级证书。无独有偶,研究对象 M 在访谈中同样认为,自己在校期间苦学英语的主要原因就是满足两类考试:英语期末考试与大学英语四级考试。研究者在对三位研究对象的课后自主学习进行观察时发现,为在上述诸多考试中取得理想的成绩,东乡族外语学习者的学习策略普遍较单一:多通过抄写单词、分析句法、完成考试模拟题等方式,机械地从事英语学习。这导致与考试成绩关联性较低的英语听、说能力长期得不到发展,严重影响到东乡族外语学习者的英语交际能力,这也是东乡族本科生在英语学习过程中逐渐形成交际畏惧心理的前提与客观条件。

四 身份认同

身份认同是个体对自己归属于哪个群体的认知,是自我概念中极其重要的一个方面(Deaux, 1993)。总体来说,身份认同主要回答两个问题:我是谁,我归属于哪个阶层(张淑华等,2012)。不同学科根据研究视角的不同,对身份认同的理解各有侧重。例如,哲学研究者将身份认同视为是对个体价值与意义的承诺或确认;社会学界多将身份认同视为个体对其身份或社会角色的标识;心理学者则认为,身份认同的本质在于心灵意义上的归属,更加关注个体心理上的健康与心理层面的身份认同归属(张淑华等,2012)。外语学界对于身份认同的研究主要围绕两类人群开展,即外语教师的身份认同、外语学习者的身份认同。本研究所涉及的身份认同问题,主要关注后者,即东乡族外语学习者的身份认同。

大量研究表明(如 Giles & Johnson, 1987; Schmitt, 2002; 陈新仁, 2008; 韩海燕, 2013 等),第二语言或外语学习与学习者的文化身份认同高度相关。在不同语言所承载的文化影响下,第二语言或外语学习者易出现对文化身份的不确定感,进而造成跨文化交际障碍、文化信息不对称、情感挫伤、弱化身份归属感等现象(杜秀莲, 2015)。东乡族外语学习者在其整个的求学经历中,先后接触并学习四种语言,即东乡语、汉语、阿拉伯语,以及英语。在此环境下,东乡族外语学习者对不同文化、不同群体所展现出的融入感与归属感,也是其语言学习效果的重要影响因素。

结合前文的三个案例可以看出,东乡族外语学习者在接受教育与升学过程中,一般会面临至少一次的语言、文化环境转变:从东乡族自治县升入汉族学生占据大多数的中学或高校。而在新的社区环境中,由于饮食结构、生活习惯、兴趣爱好、宗教信仰等各方面的差异,东乡族学习者与汉族学生的交往较少、课余活动单一,普遍存在着难以融入新环境的现象。以研究对象 L 为例。学生 L 在高中阶段离开自己的家乡,迁移至甘肃省玉门市就读高中。在汉族生源占据绝大多数的玉门市第一中学,学生 L 初次感受到了自己的"少数民族"身份。由于饮食、作息、兴趣爱好,以及课堂教学模式等差异,学生 L 逐渐成为任课教师、同学们眼中的"异类"。高中三年来,学生 L 的课余生活极其单一,经常在校园中独来独往,缺乏与身边同学的交流,形成相对孤僻的性格特征。在新的社区环境中逐渐被边缘化的学生 L 由此感慨道,自己的中学生活真是"上与没上一个样"。无独有偶,研究对象 M 在大学中同样经历了被身边汉族同学边缘化的现象。研究者在对学生 M 的追踪观察过程中发现，学生 M 的大学生活同样单一，不论是在课堂上还是下课后，学生 M 总是形单影只，很少与其他同学来往，这与同专业汉族同学丰富多彩的课余生活形成较大反差。学生 M 认为，自己的饮食习惯、文化习俗、课余爱好、知识结构等各方面都与身边的汉族同学格格不入，"总感觉自己比别人低一等"。

身份的核心意义，在于对"自我"与"他人"的区分。即个体或群体须要通过"自我"的独特性，来明确自身的群体性归属认知（Deaux，1993）。相对于缺乏自主与自由性的课堂教学环节，学生的课余活动环节往往更能够体现其自我归属感。结合前文涉及的三位研究对象可见，由于迟迟难以融入汉族学生的社区文化，东乡族学生在学习生活中往往会通过"老乡会"等途径，形成属于自己族群内部的亚文化社区。从语言维度来讲，目标研究群体多通过课余活动中涉及的两种语言，即东乡语与阿拉伯语，来明确"自我"的独特性、区分"自我"与"他人"：一方面，东乡族本科生在课余活动中主要与本族学生往来，在族群内部仍然使用东乡语进行交流；另一方面，研究群体的课余活动带有较明显的宗教文化元素，如"做礼拜"、分享《古兰经》读书心得等。这就意味着，东乡族的母语——东乡语、东乡族宗教文化中的关键语言——阿拉伯语，是东乡族外语学习者树立"自我"的重要途径，而汉语与英语则是"他人"的外在语言表征，并未对东乡族学习者形成足够的向心力。这可能是东乡族外语学习者跨文化交际能力薄弱、英语学习效果不理想的潜在影响因素。

第二节 语言冲突与外语教育规划

一 四种语言、三组竞争

本书结合三位研究个案的学习经历，认为东乡族本科生的外语学习困境，主要源于目标研究群体在语言环境、双语教育、语言态度、身份认同四个方面的特殊体验，这是导致东乡族外语学习者在其学习生活中出现交际畏惧、消极评价恐惧、考试焦虑等外语学习焦虑表征的重要影响因素。但更进一步来讲，不论是语言环境，还是双语教育，亦或是语言态度与身份认同，东乡族本科生在学习生活中之所以会产生上述四个方面的特殊体验，归根结底又源于在目标研究群体所处的学校、家庭与社区环境中，存在着四种语言之间产生的三组潜在竞争关系：即东乡语与汉语之间的潜在竞争、汉语与英语之间的潜在竞争，以及英语与阿拉伯语之间的潜在竞争。

首先，在家庭与学校环境下，有两种语言分别占据主导地位，即东乡语与汉语。东乡族外语学习者在家庭与学校两种环境中进行角色转换时，东乡语与汉语便呈现出潜在的竞争关系。一方面，承载着大量东乡族民俗文化传统的东乡语，是东乡族的家庭交流用语。一般来说，绝大多数东乡族均在家中通用东乡语，很少使用汉语，部分年长的女性东乡族群体甚至从未学习、使用过汉语。另一方面，东乡族自治县的各中、小学提倡采用双语教育模式。在小学低年级阶段，先使用东乡语进行课堂教学，汉语仅作为一门课程为东乡族学生开设。待学生逐渐掌握汉语之后，各科的课堂教学用语再逐渐向汉语转换。从双语教育的基本类型来看，东乡族自治县各中、小学采用的双语教育模式，实际上类似于Fishman（1978）提出的"过渡性双语教育"，即受教育者的母语往往是相对弱势的语言，采用双语教育的主要目的是通过母语的辅助，最终使目标学习群体掌握第二语言，尽快地融入到主导语言的社会、文化当中。由此可见，在家庭语言环境与学校双语教育模式的共同影响下，东乡族语言学习者既须要维持自己的母语正常交流能力，又须要克服母语对汉语的负迁移影响（主要表现在句法、音调两个方面），努力提高汉语水平，以完成自己的学业目标。东乡语与汉语这两种语言虽存在于不同的场域中，但却共同作用于东乡族语言学习者的学习生活当中，呈现出相互竞争的状态。

其次，从社区与学校两个不同的场域来分析，东乡族学生的学习生活中还存在着两种外语之间的潜在竞争关系——阿拉伯语与英语。一方面，东乡族学生受限于当地师资力量、教学设施、语言环境、地理位置等不利条件，英语基础相对薄弱。但是，为了达到升学、就业等目的，大多数东乡族学生仍然会选择花费大量的时间，努力提高英语学习成绩。因此，英语课程在东乡族学生的在校学习中占据着相当重要的地位。另一方面，东乡族全民信仰伊斯兰教，阿拉伯语对东乡族社区及家庭成员的影响较显著。对于绝大多数东乡族来说，《古兰经》的书写用语——阿拉伯语不仅具有非常重要的工具价值，而且还具有经济价值、象征价值等。在此社区环境的影响下，东乡族学龄儿童自小就通过家庭教育、社区教育等途径，或多或少地掌握了一些阿拉伯语基础。可见，对于部分东乡族、尤其是一些传统的东乡族家庭来说，学习英语的动机比较单一，即升学、就业等工具性动机，而学习阿拉伯语的动机则比较多元。社区、家庭成员对于两种语言的不同态度，无心中促成了英、阿两种外语之间的竞争关系：东乡族外语学习者的英语成绩一旦不理想，家人便很有可能试图说服其放弃学习英语，全身心地投入到阿拉伯语的学习当中。这也导致目标研究群体在学习英语的过程中背负了比汉族学生更大的心理压力。

最后，在学校环境内部，汉语与英语在一定时期内也具备一定的竞争关系。一方面，东乡县辖区内的绝大多数中小学根据当地的语言使用情况，因地制宜地实施由东乡语向汉语逐渐过渡的双语教育模式：小学三年级以前，东乡县各小学使用东乡语作为课堂教学用语，汉语仅作为一门科目出现在学校课程当中；待学生的汉语水平到达一定阶段时（一般为小学三年级），各科课程再转而使用汉语进行课堂教学。另一方面，东乡县各小学响应国家号召，在小学三年级阶段开始为学生开设英语课程。课堂教学用语的转换期与英语课程的开设期几乎处于同一时间段，导致东乡族学生的语言学习压力剧增：不仅要面对课堂中骤然增加的大量汉语输入，而且还须借助自己并未完全掌握的汉语再学习英语。在此过程中，东乡族语言学习者普遍存在较显著的汉语拼音与英语字母混淆问题。随着年级的增长、待东乡族学习者的汉语水平发展至一定阶段时，目标研究群体才能够较轻松地以汉语作为媒介，完成英语学习目标。通过对东乡族外语学习者的求学经历进行历时分析可见，汉语与英语这两门科目，长期在研究群体的学校生活中占据重要地位，两种语言在小学三、四年级期间凸显出较明显的竞争关系，然后随着年级的增长逐渐走向缓和，最终起到相互辅助的作用。

值得注意的是，东乡族的母语——东乡语与阿拉伯语之间不仅未显示出明显的竞争关系，而且还存在着一定程度的交集。有研究认为（徐丹、文少卿等，2012），尽管东乡语中存在着大量的汉语、蒙古语、波斯语、突厥语借词，但上述借词多停留在东乡语的生活词汇层面，涉及范围较局限。相比之下，阿拉伯语对东乡语词汇的影响范围最广博，涉及宗教、伦理、天文、意识形态等多方面，且东乡语中诸如"智慧"、"宇宙"、"根源"、"真理"、"品行"、"精华"等抽象意义的词汇多源于阿拉伯语。由此，徐丹、文少卿等（2012）认为，尽管东乡语中含有大量的汉语借词（约占20%），但是汉语、蒙古语等对东乡族群的影响多表现在生活方面。相比之下，阿拉伯语对东乡族群的影响多表现在文化层面，是东乡族先民底层语言的反映。无独有偶，马志勇（1983）通过梳理东乡族的语言与历史发展线索，发现东乡地区的地名与西亚伊朗、阿富汗许多地名具有明显的对应关系。由此，马志勇（1983）推断，东乡族的祖先应至少有一支来自西亚地区。结合上述研究可见，东乡族群不仅在宗教信仰方面与阿拉伯国家存在较密切的关联，而且在语言文字、历史文化方面也与西亚阿拉伯国家交集颇深。这可能也是阿拉伯语在东乡族社区具有较强向心力的重要原因。

二　语言冲突的正向功能

前文所提，以社会冲突的普遍性特征与语言的多样性特征为前提，语言冲突不仅可包含由语言文字问题引起的外显性激烈争斗、甚至战争，即狭义的语言冲突概念；也包括语言竞争、语言矛盾、语言争端等隐性的语言不和谐现象（何俊芳、周庆生，2010），即广义的语言冲突概念。因此，语言冲突的范围及程度可大可小，其表现形式是一个由温和到剧烈连续统（李丹，2015）。根据语言冲突的概念，东乡族外语学习者在学习生活中所面对的三组语言竞争关系，可视为广义的语言冲突现象。

作为社会冲突的其中一种表现形式，语言冲突也是普遍存在的社会现象，这就决定了语言冲突与其他类型的社会冲突一样，既有对社会起到消极作用的负向功能，例如激化民族矛盾、损失社会资源、破坏社会秩序、伤害民族关系等，也有对社会起到积极作用的正向功能。正如何俊芳、周庆生（2010）所提，语言冲突是一把双刃剑，绝对积极与绝对消极的语言冲突是没有的，语言冲突的正负功能总是相互交织在一起。语言冲突的正向功能主要有以下几个方面：

(一)增强语言群体的内部凝聚力,提高特定族群的语言意识

Tajfel 与 Turner(1979)提出,个体为了满足自尊感,往往倾向于积极看待自己所属的群体,并同时会对其他群体产生偏见。因此,"仅仅意识到外群体(out-group)的存在,就足以激起内群体(in-group)的群际竞争或歧视反应"。语言是民族身份的重要标记,也是民族属性的关键要素之一。两组或多组语言间的冲突,能够促使特定的语言群体发现"自我"与"他人"的区别,从而对不同的语言群体标明界限。若某个群体的本族语言具有足够的向心力,则可通过激发语言冲突的外显特征,从而达到增强民族凝聚力、提高成员语言意识的目的。例如在南非,面对阿非利堪斯语(或称南非荷兰语)与英语、当地其他方言的竞争,阿非利堪民族的领导人通过凸显、甚至制造语言冲突,成功地激发了阿非利堪民族的内部凝聚力与语言意识,加速了阿非利堪斯语的地位与本体规划进程,使其最终成为南非的两种官方语言之一(另一种为英语)。

(二)有利于语言、文化多样性的维护与发展

全球化背景下,便利的交通条件致使世界范围内的人口流动空前增大、人口结构趋于复杂化。不同国家、不同民族的群体共同生活在单一的语言环境中,为了便于交流而不得不转用通用语言;不仅如此,为了某些特定语言的经济价值,越来越多的少数族群自愿放弃使用本族语,转而学习、使用更具有经济价值的语言(如英语、汉语普通话等)。语言是文化的载体,是民族活力的重要衡量标准之一。在过于和谐的语言环境下,通用语言由于经济、文化价值的强势地位,必然会挤压少数族群或弱势族群的语言生存与发展空间,造成其语言出现濒危或转用现象,而相对应的民族文化资源也势必会随着语言的消亡而逐渐流失。因此,适当程度的语言冲突,能够提高语言政策制定者或语言使用者的

危机意识，使其正视语言权力的均衡分配、多元语言资源的价值与重要性，从而对弱势语言的权力及其所包涵的文化资源起到保护作用。

（三）调整或修订相关制度，促成更加完善的语言政策产生

现实冲突理论（Realistic Conflict Theory）认为，冲突总是源于某些有形资源（如领土、金钱、奖品等）或无形资源（如权力、声望、荣誉等），因为冲突双方都渴望拥有上述这些有限的资源，语言冲突也不例外。何俊芳、周庆生（2010）认为，语言冲突的根源在于不同语言群体间在语言利益上的差别与对立，与人们对直接的、或间接的语言利益追求密切相关。因此，当原有的制度无法满足特定群体的语言利益时，便会爆发出一定程度的语言冲突。为了缓解矛盾、维护团结，语言政策的制定者往往会对原有的制度进行或大或小的修订，促成更加完善的语言政策产生。以印度为例，在摆脱英国的殖民统治以后，印度政府极力推广印地语的做法引起了当地非印地语地区的不满，进而爆发出一系列的语言问题。为缓解国内民族矛盾、维护国家统一，印度最终制定出相对平衡的《三语方案》政策。由此可见，新语言政策的产生往往源于语言冲突，是不同语言群体相互较量与妥协的结果。正如 Coser（1956）提到，"冲突通过施加压力以求革新和创造，来阻止社会系统的僵化"。

（四）缓冲其他类型的冲突，起到"社会安全阀"的作用

社会各主体之间的不满情绪是普遍存在的，当这种不满情绪超过社会系统的耐压能力时，便会导致整个社会系统的奔溃与瓦解。社会冲突作为一种释放、宣泄不满情绪的通气筒，犹如蒸汽锅上的"减压阀"，将社会中的不满情绪"排放出去"，保证社会运行的顺畅与安全（何俊芳、周庆生，2010）。与其他类型的社会冲突相比（如政治冲突、军事冲突等），语言冲突的表现形式

相对缓和，往往充当其他类型冲突的"烟雾弹"（李丹，2015）。若语言冲突能够被合理地遏制，则可规避更深层次的社会冲突；若语言冲突无法被妥善处理，则可能与其他类型的冲突交织在一起，爆发出更强的破坏力。因此，合理地利用语言冲突的"安全阀"机制，尽早切断冲突"引线"，是缓解冲突双方不满情绪、避免其他破坏性更强的冲突的有效措施。

三　语言冲突的调节机制：外语教育规划

在民族文化多元、语言文字资源丰富的中国，语言冲突的普遍性特征尤为显著。李宇明（2013）针对我国多民族、多语言、多方言、多文字的基本国情，认为中国在拥有丰富语言文字资源的同时，也存在着或隐或显、或锐或缓的多种语言矛盾。因此，如何充分利用语言冲突的正向功能，防止将语言财富变为"社会问题"，是和谐语言生活、减缓语言冲突的关键所在（李宇明，2013）。

以和谐语言群体关系为根本目标（李丹，2015）、对语言进行"权威性地资源再分配"（Fishman，1994）的语言规划是语言冲突的重要调节机制之一，其中主要包括语言本体规划（corpus planning）、语言地位规划（status planning）和语言习得规划（acquisition planning）三个方面。语言本体规划着眼于对语言本身及其内部结构的规划，如标准化的语言文字书写、编纂字典、规范术语等；语言地位规划是对特定社会环境中的语言使用与语言功能进行规划，如对特定语种的官方地位、特定语种的使用范围等进行的限定；语言习得规划又称"语言教育规划（language-in-education planning）"（Kaplan & Baldauf，1997），主要涉及学校教育当中的语言政策实施、语言教育过程中所产生的相关问题等（Paulston & McLaughin，1993）。

根据语言地位的不同，语言教育规划又可进一步分为母语教育规划、外语教育规划、第二语言教育规划等。其中，外语教育规划通常以外语教育政策为具体实现方式（李丹，2015），通过赋予某种非母语的语种以重要的教学地位，从而达到利用该语种的经济价值、平衡语言权力格局、弱化语言冲突等目的。由此可见，合理的外语教育政策能够利用语言冲突的"社会安全阀"作用，充分发挥其正向功能。反之，不恰当的外语教育政策则会导致社会中的不平衡关系放大化，将社会关系中原本隐性存在的语言冲突凸显出来，从而违背外语教育规划的初衷。因此，作为语言教育规划的一个分支，外语教育规划对语言冲突同样具备重要的调节作用。

第三节 我国战略转型期的区域特色外语人才发展

结合三位研究个案的学习经历，本书认为东乡族本科生的外语学习困境，主要源于目标研究群体在语言环境、双语教育、语言态度、身份认同四个方面的特殊体验，这是导致其在学习生活中出现英语学习焦虑表征的重要影响因素。但更进一步讲，上述四个方面的特殊体验，归根结底又源于目标研究群体在其学习生活当中所面临的东乡语与汉语、汉语与英语以及英语与阿拉伯语之间的潜在竞争关系，隶属于广义的语言冲突现象。因此，要缓解东乡族本科生的外语学习焦虑心理，其根源实际上在于如何缓解目标研究群体在其学习生活中所面对的语言冲突问题。

如前所述，外语教育规划是语言冲突的重要调节机制。作为外语教育规划的具体实现方式，合理的外语教育政策能够充分发挥语言冲突的正向功能，从而达到平衡语言权力与资源、弱化语言冲突的目的（目标研究群体的外语学习焦虑、语言冲突、外语教育规划之间的关联如图9-3）。基于对东乡族本科生的个案研究，本书认为目标研究群体在其学习生活中所面对的语言冲突问题，可从外语教育政策的以下几个方面予以探讨：

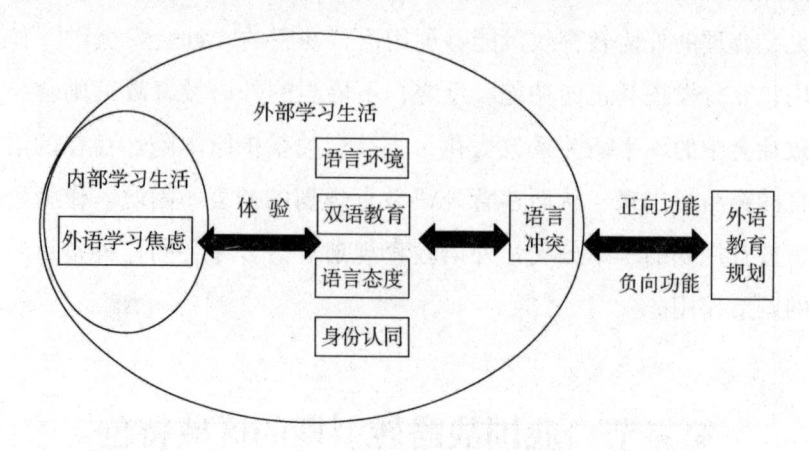

图9-3 外语学习焦虑、语言冲突、外语教育规划之间的关联

一 探索跨境复合型人才培养模式

2015年3月，国家发改委、外交部、商务部联合发布了《推动共建丝绸之路经济带和21世纪海上丝绸之路的愿景与行动》。"一带一路"发展战略，是一项以经济建设为主导，促进沿线各国经济繁荣、共同发展的重大举措，其核心内容是"政策沟通、设施联通、贸易畅通、资金融通、民心相通"。其中，语言是实现"五通"的重要基础之一，是"促进人文交流，实现民心相通的根本保障，也是服务互联互通建设的重要支撑"（沈骑，2015）。"一带一路"的深入推进，必将促进沿线国家之间人员的流动，届时沿线国家的交通、商业、教育、旅游等各行业之间的交流势必增加，与之相关的语言服务压力也随之提高。由此，李宇明（2015）提出，"一带一路"需要语言铺路。

"一带一路"建设会带来大量的工程技术人员、经贸人员、交通运输人员、法律政治人士、文学艺术工作者、历史地理研究者等从事跨国工作或在本国从事国际业务,所需的人才不仅应具备过硬的专业知识和业务能力,且须要掌握工作目标国家或地区的语言。因此,"外语+专业"的复合型人才已成为"一带一路"建设的必然要求。据国务院国资委发布的《"一带一路"中国企业路线图》,至2014年底,国资委监管的110余家央企中,已有80多家在"一带一路"沿线国设立分支机构。由于沿线国家国情差异较为明显,投资项目的执行效果很大程度上取决于"走出去"企业是否具有既熟悉沿线国家的语言文化、又具备一定专业能力的高端人才。为探索"外语+专业"的复合型人才培养模式,上海外国语大学设立卓越学院,尝试培养具备多语转换能力的高级翻译人才、具备国别区域研究专长的区域国别人才、以及能够参与国际事务与国际竞争的国际公共管理人才。与"海上丝绸之路"所涵盖的区域相比,地处"一带一路"中心线的甘肃省经济、交通、教育等条件相对欠发达,为"一带一路"战略培养相应语言服务人才的能力备受考验。如何发挥该地区沟通中亚、西亚、东欧等地的桥梁作用、培养具有地区特色的语言服务人才,在国家"一带一路"方针的深入开展下具有重要的战略意义。

甘肃省的少数民族人口众多、类别丰富,是中华文化与西北部少数民族文化的重要接口。其中,诸如回族、东乡族、保安族等少数民族在宗教信仰、民族文化方面与中西亚地区的伊斯兰文化联系紧密。以本研究的主要关注群体——甘肃省东乡族为例。大量研究表明(如马志勇,1983;徐丹、文少卿等,2012),东乡族群不仅在宗教信仰方面与阿拉伯国家存在较密切的关联,而且在语言文字、文化习俗,甚至历史族源方面也与西亚阿拉伯国家交集颇深。因此，阿拉伯语及其所象征的伊斯兰文化在东乡族社区具有较强的向心力。本书认为，由语言环境、双语教育、民族文化习俗等造成的语言冲突问题正如一把"双刃剑"：既是东乡族本科生产生英语学习焦虑心理的重要原因之一，同时也为培养该群体成为"阿拉伯语+专业"的复合型人才，乃至"英语+阿拉伯语+专业"的复语、复合型人才提供了重要的资源保障。地区高校在培养东乡族本科生专业能力发展的同时，若能为该群体提供更具针对性的区域特色课程（如阿拉伯语课程、相关的区域国别课程、金融外贸课程等），一方面可以充分发挥该群体在语言文字、文化习俗等方面的优势，激发其学习兴趣，从而缓解英语学习压力、降低英语学习焦虑心理；另一方面又能以"一带一路"建设为契机，发挥甘肃省现有的地理位置与文化优势，促成与中、西亚，尤其是与阿拉伯世界之间的经济与文化沟通，突破长期以来的人才培养与区域经济发展瓶颈。

二 开发具有区域民族特色的外语教材

在"全球化3.0"的时代背景下，中国参与、推动全球治理与变革的步伐逐步加快，开始由国际规则的适应者，逐渐转变为国际规则的制定者。以"一带一路"倡议为载体，当下的中国比以往任何时候都更需要提升与加强国际沟通和交流对话的能力。以文化和话语为主的"软件"建设，成为提升我国国际话语能力、构建"丝路"话语体系的前提与保障（沈骑，2017）。2016年11月，中共中央办公厅、国务院办公厅印发了《关于进一步加强和改进中华文化走出去工作的指导意见》，再次明确了我国本土文化输出、文化贸易与文化产业发展的重要性。中华文化源远流长，中华文化"走出去"战略的实施，是进一步展示我国文化魅力、塑造我国良好形象、提高国际影响力的重要途径（胡清芳,2017)。

然而,改革开放近四十年来,我国一直将英语视为"引进来"战略方针的语言基础,使其在科技、教育等领域中的地位不断提升。我国广大的外语学习者通过长期、高压的英语学习经历,往往对各式各样的英语考试得心应手、对英美国家的风俗文化如数家珍,却对我国本土的文化习俗逐渐淡漠。以我国大多数外语学习者现有的知识体系与文化结构,已越发难以满足新时期下"传播中国声音、讲好中国故事、传播中国优秀文化"的重要责任与时代使命。

教育的原点在于为国家、为人类命运共同体,培养具有中国文化基因与中华灵魂的国际化人才(梅德明,2016)。在中华文化"走出去"的战略要求下,我国的英语课程体系不仅要体现语言的工具属性,更应关注语言的人文属性。然而,目前我国绝大多数的高校英语教材,仍然更加注重如何体现语言的工具性,而对能够彰显中华文化的人文材料涉及不足。高校本科生通过现有的英语教材,了解到的知识体系多以英语国家的教育科技、风土人情为主,很难了解到与我国本土文化相关的知识或信息。

以研究个案在《大学英语》课程中使用的《大学体验英语综合教程》(第三版)为例。虽然教材的阅读文章选题丰富多样,涉及诸如校园文化、科学技术、名人轶事、工作职业、体育健康等不同领域,但阅读文章中所讨论的具体内容均是以欧美国家为主,几乎很少涉及对我国本土文化的介绍。学生们通过《大学英语》的课程学习,往往对牛津、哈佛等国外大学的校园文化心向往之、对欧美的最新科技实时跟进、对比尔·盖茨先生的轶事传记了解颇深,甚至能够在教材中学习到如何使用国外网站寻找工作。大学英语教师即便能够关注到对学生英语交际能力的培养,但师生在课堂上运用英语交流的话题也往往须围绕教材内容,难以涉及太多与教材无关的话题。这就意味着，目前我国有相当一部分高校本科生在《大学英语》教材的引导下，掌握的技能往往是"传播外国声音、讲好外国故事"，这几乎是与中华文化"走出去"的战略构想背道而驰。

除了难以满足中华文化"走出去"战略下的外语人才培养需求外，大学英语教材中涉及的题材与我国少数民族的文化习俗、生活方式差距较大，不仅无法提高该群体的英语学习兴趣，而且还易使该群体的英语交际能力长期抑制、无法得到充分地发展，进而导致其出现英语交际畏惧心理。仍以东乡族外语学习者为例。东乡族外语学习者从小的生长环境相对闭塞，经济、交通、科技、教育等各方面均与我国的汉族学生有较明显的差距。面对与自己成长环境存在较大差距的课文阅读材料，东乡族本科生不仅难以提起学习兴趣，更重要的是该群体难以像同班的汉族学生那样，根据自己的个人学习、生活经历，完成教学所须的课堂讨论环节。久而久之，该群体的英语口语水平无法得到应有的提高，且由于课堂参与度低而逐渐被本班的师生边缘化，形成行事相对独立的性格特质，这毫无疑问会对其跨文化交际能力的发展、甚至心理健康产生消极作用。

结合上述因素，本书认为，在中华文化"走出去"的战略引导下，具有中华文化特色、具备区域民族特色的外语教材亟待开发。大学英语教材的课文选题在体现语言工具属性的同时，可兼顾一定数量的中华文化题材供学习者选读。例如，我国本土的著名高校及其校园文化、传统民族节日、少数民族的风俗习惯、本土企业的最新科技成果等相关话题，均可纳入大学英语教材的选题范围。少数民族语言文化是中华文化的重要组成部分。开发具有区域民族特色的外语教材，不仅能够促进少数民族学生的跨文化交际能力，而且能够实现我国多元文化的对外传播。这无疑对于塑造并展示我国民族文化共同繁荣的固有形象、促进多元民族文化走向世界提供了有力的保障。

三 部分地区的阿拉伯语言教育亟待规划

受伊斯兰宗教信仰的影响，阿拉伯语在东乡族社区的语言环境中占据重要地位。研究发现，在东乡族自治县县城、临夏回族自治州临夏市等当地的政治、经济、文化中心，随处可见带有阿拉伯元素的商业标牌（如图9-1）。标牌中所显示的文字并不仅是语言符号的简单、随机陈列，其背后往往蕴含着语言行为、象征意义和思想意识（尚国文、赵守辉，2014）。东乡族社区内充满阿文元素的语言景观表明，《古兰经》的书写用语——阿拉伯语在东乡族的民俗文化中占据较高的象征性地位。

除此以外，个案研究的调查结果显示，阿拉伯语在东乡族群的心目中价值颇丰，主要包括工具价值、经济价值、宗教价值等。例如，研究对象L提到，在东乡族自治县辖区内，判断当地阿訇是否合格的重要衡量标准之一，就是其掌握阿拉伯语的程度如何。因此，受东乡族人尊敬的阿訇一般会具备更高的阿拉伯语水平；研究对象M的父亲在访谈中同样提到："《古兰经》代表'后世'，就是说我们要有信仰，不然后一世就会过得不好，所以说阿拉伯语对于我们东乡人来说就很关键，一定要学好……"。

结合东乡族社区的语言环境、东乡族群对阿拉伯语的语言态度可见，阿拉伯语在东乡族心目中具有较强的向心力。在此情境下，东乡族学龄儿童在正式学习汉语、英语之前，就已通过社区内的经堂教育、族内家庭传授等方式，或多或少地接触过一些基本的阿拉伯语知识。直至高校学习阶段，部分东乡族本科生仍会利用课余时间接受附近清真寺的经堂教育。然而，东乡族、回族等信仰伊斯兰教的少数民族在接受经堂教育的过程中，使用的教材多为阿拉伯语和波斯语教材，用夹杂阿语和波斯语词汇的汉语教授，即所谓的"经堂语"，而非标准的阿拉伯语。因此，尽管东乡族群花费了大量的时间与精力，通过社区、家庭等非正规途径接受阿拉伯语言学习，但学习效果仍十分有限。随着"一带一路"建设的深入开展，我国西北地区与中西亚阿拉伯世界之间的交流逐渐频繁。如何充分利用我国西北地区，尤其是西北少数民族地区的地理、语言、文化、政策优势，培养出能够真正服务于"一带一路"建设的阿语实用性人才，是教育部门与语言规划部门亟待解决的现实问题。

  本书认为，针对东乡族群与阿拉伯语之间的天然交集，有关部门首先应明确阿拉伯语的地位与功能。语言文化与宗教关系密切，事关国家和民族认同等重大政治问题。我们须重视对阿拉伯语言文字在宗教场所和公共领域使用的相关规定，避免在宗教和经贸往来的影响下，少数民族群体将外国语言文字使用与宗教活动混为一谈。其次，在明确阿拉伯语地位与功能的基础上，有关部门可委托专家团队，开展阿拉伯语言文字服务规划的系统研究，从教育规划层面予以指导和监督，维护语言政策与规划工作的严肃性。例如，针对东乡族群体对阿拉伯语的学习动机强烈，但非正规阿语学校的教学质量普遍不高的问题，相关部门可尝试加大对上述教学场所的监管力度，真正提高其教学水平。与此同时，可在地方院校开设相关的语言、文化选修课程，鼓励东乡族学生通过更正规的途径培训或学习阿拉伯语。总之，外语教育规划部门在充分调研与分析的前提下，可充分发挥语言冲突的正向功能，完善当地的阿语教育规划工作，将我国的阿语人才培养问题上升到国家语言能力、国防安全的高度。

四 构建以素养为本位的高校外语教学评价体系

  进入 21 世纪以后，计算机、电子通讯技术的迅猛发展令人类社会快速迈入信息时代。伴随着机器作业、人工智能的逐渐成熟，人类大量的重复性、常规性工作开始逐渐被机器所替代。在此背景下，如何运用新知识、新思想和新技术，从事计算机不能代劳或胜任的复杂工作，从而进一步促进全球化贸易与社会经济发展，成为人类职业发展的新挑战。

为适应信息时代下新的经济模式与社会需求，2014年，教育部发布《关于全面深化课程改革 落实立德树人根本任务的意见》，提出将构建学生的核心素养作为推进各学科课程深化改革与发展的关键环节。根据北京师范大学2016年"中国学生核心素养研究成果"发布会上的定义，"核心素养"主要是指"学生应具备的，能够适应终身发展和社会发展所需要的必备品格与关键能力"。钟启泉（2016）认为，"核心素养"牵涉到的不仅仅是"知晓什么"，而是在现实的问题情境中"能做什么"的问题。学校教育应着重培养学生运用知识技能、解决现实课题所必须的思考力、判断力、表达力及其人格品性。

培养学生的核心素养须在学校教育中通过不同的学科来实现，因而在"核心素养"这一较宏观的概念下继而衍生出各学科的核心素养，如语文学科核心素养、数学学科核心素养、英语学科核心素养等。以英语学科核心素养为例，《普通高中英语课程标准》（征求意见稿）中提到，高中阶段的英语课程将以发展学生的外语学科核心素养为目标，着重培养学生的语言能力、文化品格、思维品质与学习能力。

长期以来，英语学科更多地被理解为一门工具性学科，其在课程设置方面具有较明显的功利性（程晓堂、赵思奇，2016）。因此，我国的英语教师在教学过程中往往更加注重对学生语言能力的培养，而对学生文化品格、思维品质与学习能力方面的培养观照不足。在此课程设置与教学理念的影响下，广大外语学习者的学习动机普遍较单一，主要是以考试、升学为目的的工具性动机。

我国的少数民族地区往往地理位置较偏远，经济、交通、教育等方面与汉族地区有一定的差距。因此，与汉族学生相比，少数民族地区学生通过各类考试、升学来改变生活现状的迫切性尤为强烈，对待英语的学习态度也更加"功利"。仍以本书的调查群体——东乡族为例。个案调查发现，尽管大部分的东乡族外语学习者并不喜欢学习英语，甚至对学习英语具有一定的抵触情绪。但是为了升学、为了获取更理想的考试成绩，东乡族学生仍愿意花费大量的时间与精力，努力提高自己的英语学习成绩。在此学习动机的影响下，东乡族外语学习者不仅易在考试过程中承担过重的心理压力，出现诸如考试焦虑、消极评价恐惧等不良心理表征，更重要的是其学习策略也会随之发生改变。例如，研究对象 M 在访谈中表示，自己苦学英语的主要目的就是通过各类考试。抱着只要在考试中"能选对答案就行"的态度，学生 M 的英语学习策略单一：多通过抄写单词、分析句法、完成考试模拟题等方式，机械地从事英语学习。这导致与考试成绩关联性较低的英语听、说能力长期得不到发展，严重影响到学生 M 的英语交际能力。

核心素养是否落地，评价是关键（梅德明，2017）。目前，有学者（如程晓堂，2017）已对高中阶段英语学科核心素养的评测内容与要求进行了展望，而高等教育阶段的外语核心素养如何评测，仍有较大的探讨空间。本书认为，转变目前以知识为本位的单一评价体系，构建以素养为本位的多维外语教学评价体系，是高校培养具备"思考型学力"外语人才的重要途径。

具体来讲，构建以素养为本位的高校外语教学评价体系，主要可从形成性评价与终结性评价两大方面入手。一方面，大学英语课程的形成性评价是育成学习者思维品质、文化品格与学习能力的主要途径。大学英语教学中，可适当增加具有临场发挥空间、延展性较强的课堂、课后任务，并设置相应的评分标准，使大学英语的形成性评价更多元、更可行。例如，可考虑采用主题式的英语辩论或观点称述、开放式的写作任务、探究式的课后阅读等评价形式。另一方面，以课后练习为主要考察内容的终结性评价亟待调整。大学英语期末考试可参考高校英语专业的评价模式并酌情降低难度，对学生的语言能力进行综合考察，而非仅局限于一些依靠死记硬背即可得分的题目。与此同时，考试的题型可尝试进行多元化调整，采取更加灵活的答题方式，以防学生在学习过程中对某类题型盲目关注。

信息时代下的人类社会正在快速进入知识社会（knowledge society），即人的知识、思想和技术开始成为重要的商品（张华，2016）。在知识社会里，知识的习得与再现，智能科技手段不仅能够胜任，而且比人类更具效率与准确率。依靠习得与再现知识的"记忆型学力"已不再适应信息时代的职业特点与个人自我实现需求。构建以素养为本位的多维外语教学评价体系，是高校尝试培养具备信息时代所要求的"思考型学力"（钟启泉，2016）外语人才的重要途径之一。

第十章 结论

本章通过对研究问题、研究设计、研究发现与研究启示进行梳理,形成本书的结论部分,主要包括(1)研究发现与启示;(2)研究局限与展望。

第一节 研究发现与启示

本书以我国甘肃省东乡族本科生的英语学习焦虑问题为切入点,以现象哲学(E. Husserl,1992)与心理场论(K. Lewin,1935)为理论基础,采用质性研究与量化研究相结合的方法,将目标研究群体的英语学习焦虑与其外部学习生活环境中所面对的语言冲突之间建立联系,在社会文化视角下对目标群体的学习生活进行剖析,挖掘其产生英语学习焦虑的原因并提出调节措施。研究试图解决以下三个问题:

(1)我国东乡族本科生的英语学习焦虑现状如何?

(2)目标群体的英语学习焦虑现象有哪些诱发因素?上述因素与其在学习生活中所面对的语言冲突有何联系?

(3)如何从外语教育规划层面调适目标群体的英语学习焦虑

现象?

为回答研究问题（1），研究者根据大部分东乡族本科生的就读地域，选择兰州大学、西北师范大学、兰州交通大学、兰州理工大学、甘肃农业大学、西北民族大学、甘肃政法学院七所甘肃省主要高校作为资料收集单位，共发放"外语课堂焦虑量表"（见附件一）433份，其中对东乡族本科生共发放194份（84名男生、110名女生），在东乡族被试的所在班级随机选取汉族被试若干名发放同一量表，共计发放239份（104名男生、135名女生）。

"外语课堂焦虑量表"的统计结果与分析显示，东乡族本科生在其高校的英语学习过程中存在较明显的焦虑体验。其中，"考试焦虑"占据首要方面，其次为"交际畏惧"，最后为"消极评价恐惧"；大学二年级东乡族本科生的英语学习焦虑水平显著高于大学一年级东乡族本科生，且男生的英语学习焦虑水平高于女生；与同班级的汉族同学相比，东乡族本科生的英语学习焦虑水平更高、且存在显著性差异，其英语学习焦虑感参差不齐，呈现出更大的离散程度。

为回答研究问题（2）与研究问题（3），研究者根据"外语课堂焦虑量表"的评分标准、被试的家庭所在地、个人生活经历、配合意愿等因素，最终选择学生L、学生J以及学生M为研究对象，对其学习生活进行追踪调查与梳理，形成个案研究。

研究者结合三位研究个案的学习经历，并从学校、社区、家庭、课余生活四个方面进行整理与对比，认为东乡族本科生的外语学习困境，主要源于目标研究群体在（1）语言环境、（2）双语教育、（3）语言态度、（4）身份认同四个方面的特殊体验，这是导致东乡族外语学习者在其学习生活中出现交际畏惧、消极评价恐惧、考试焦虑等外语学习焦虑表征的重要影响因素。但更进一步讲，上述四个方面的特殊体验，归根结底又源于目标研究群体在其学习生活当中所面临的东乡语与汉语、汉语与英语以及英语与阿拉伯语之间的潜在竞争关系，隶属于广义的语言冲突现象。因此，要缓解东乡族本科生的外语学习焦虑心理，其根源在于如何调节目标研究群体在其学习生活中所面对的语言冲突问题。

实际上，在民族文化多元、语言文字资源丰富的中国，语言冲突的普遍性特征并非罕见。李宇明（2013）针对我国多民族、多语言、多方言、多文字的基本国情，认为中国在拥有丰富语言文字资源的同时，也存在着或隐或显、或锐或缓的多种语言矛盾。因此，如何充分利用语言冲突的正向功能，防止将语言财富变为"社会问题"，是和谐语言生活、减缓语言冲突的关键所在（李宇明，2013）。

以和谐语言群体关系为根本目标（李丹，2015）、对语言进行"权威性地资源再分配"（Fishman，1994）的语言规划是语言冲突的重要调节机制之一，主要包括语言本体规划（corpus planning）、语言地位规划（status planning）和语言习得规划（acquisition planning）三个方面。其中，作为语言教育规划的一个分支，外语教育规划通过赋予某种非母语的语种以重要的教学地位，从而达到利用该语种的经济价值、平衡语言权力格局、弱化语言冲突等目的。合理的外语教育政策能够利用语言冲突的"社会安全阀"作用，充分发挥其正向功能。反之，不恰当的外语教育政策则会导致社会中的不平衡关系放大化，将社会关系中原本隐性存在的语言冲突凸显出来，从而违背外语教育规划的初衷。因此，合理的外语教育政策对语言冲突具有重要的调节作用。

本书认为，东乡族本科生在其学习生活中所面对的语言冲突问题，可通过（1）探索跨境复合型人才培养模式；（2）开发具有区域民族特色的外语教材；（3）规划部分地区的阿拉伯语言教育；（4）构建以素养为本位的高校外语教学评价体系四个方面予以调节。上述措施不仅能够缓解东乡族本科生的英语学习焦虑问题，更重要的是能够充分发挥目标研究群体的语言文字与民俗文化优势，培养信息时代与我国"一带一路"战略所需的外语服务人才。

第二节 研究局限与展望

本书在回答上述三个研究问题的同时，也存在以下几方面的局限性：

首先，研究者在个案研究的过程中，受时间、研究经费、交通条件、研究者本人的研究能力等因素的制约，对三位研究对象进行了数量有限的课堂观察与家访环节，调查时间仍不够充分、调查内容仍缺乏深度与广度。

其次，"学习生活"这一概念相对抽象，具体应从哪些维度着手进行分析，目前学界仍无统一论断。本书基于学习者所处的场域不同，从学校、家庭、社区以及课余活动四个维度分别予以分析。相信除了上述四个维度以外，"学习生活"研究的分析维度仍有较大的拓展空间。

再次，尽管大多数东乡族聚居于我国甘肃省，东乡族本科生也大多就读于甘肃省内各高校。但是，不排除仍有一定数量的东乡族生源会选择在我国其他省份攻读本科。本书仅选取了甘肃省七所主要的高校作为资料收集单位，研究对象的抽取范围仍有待进一步扩展。

最后，针对东乡族本科生在其学习生活中所面对的语言冲突问题，研究者通过跨境复合型人才培养、区域民族特色的外语教材开发、阿拉伯语言教育规划、高校外语教学评价体系构建四个方面予以探讨，相信上述的研究启示仍不尽全面，具有较高的可拓展性。

习近平总书记在党的第十九次全国代表大会中提出，我国社会的主要矛盾已经转化为人们日益增长的美好生活需求与不平衡、不充分的发展之间的矛盾。教育即生活，教育是美好生活的基础与重要保障。由于经济、交通、自然环境等各方面因素的差异，目前我国的教育与人才培养问题同样面临较明显的地区发展不平衡、不充分现象。我国的少数民族地区往往地理位置较偏远，上述的种种区域发展不平衡现象尤为突出。关注少数民族学生的外语学习困境与学习生活体验，探索如何充分发挥其语言文字与民族文化优势，培养能够真正服务于信息时代与我国"一带一路"战略的区域特色外语人才，是我国外语教育规划部门的时代要求与重要使命。

参考文献

一　汉语文献

曹建华、陈其斌：《东乡族双语使用与教学的人类学调查与思考》，《青海民族研究》2011年第4期。

曹丽：《跨学科硕士研究生学习状况调查研究——以华中师范大学为个案》，硕士学位论文，华东师范大学，2010年。

曹冉：《学困生的学习生活体验研究》，博士学位论文，首都师范大学，2013年。

陈劼：《课堂焦虑感与口语水平的关系》，《山东外语教学》1996年第4期。

陈劼：《英语学生课堂焦虑感与口语水平的关系》，《国外外语教学》1997年第1期。

陈向明：《质的研究方法与社会科学研究》，教育科学出版社2000年版。

陈新仁：《全球化语境下的外语教育与民族认同》，高等教育出版社2008年版。

陈钰：《民族学生第二语言教育中的文化冲突及化解》，《贵州民族研究》2016年第4期。

程从柱、吴秋芬、周采：《当代中国教育学研究：广义现象学的认识论透视》,《教育研究》2013年第5期。

程胜:《"教育即生活"的解读》,硕士学位论文,华东师范大学,2003年。

程晓堂:《英语学科核心素养及其测评》,《中国考试》2017年第5期。

程晓堂、赵思奇:《英语学科核心素养的实质内涵》,《课程·教材·教法》2016年第5期。

代昊萌:《初中生英语学习焦虑研究》,硕士学位论文,南京师范大学,2015年。

戴曼春、肖云南:《语言环境的类型与作用》,《湖南大学社会科学学报》1995年第2期。

戴庆夏:《论跨境语言的和谐与冲突——以中缅景颇族个案为例》,《语言战略研究》2016年第2期。

杜威:《杜威传》,单中惠译,安徽教育出版社1987年版。

杜威:《杜威教育论著选》,赵祥麟、王承绪译,华东师范大学出版社1981年版。

杜威:《民主主义与教育》,王承绪译,人民教育出版社1990年版。

杜秀莲:《EFL学习者文化身份认同与文化身份焦虑的研究》,《当代教育科学》2015年第13期。

弗洛姆:《健全的社会》,欧阳谦译,中国文联出版公司1988年版。

龚江平、高学:《少数民族大学生英语学习焦虑研究——以西藏大学生为个案》,《贵州民族研究》2009年第4期。

郭春发、张伟胜:《美国教育与多元文化冲突》,《比较教育研究》2006年第3期。

郭思乐:《德育的真正基础:学生的美好学习生活》,《教育研究》2005年第10期。

郭子仪:《勒温"心理的生活空间"述评》,《贵州民族学院学报》（社会科学版）1995年第3期。

哈贝马斯：《交往行动理论》，重庆出版社1994年版。

韩海燕：《中国语境下EFL学习者文化身份焦虑研究》，博士学位论文，上海外国语大学，2013年。

何俊芳：《论语言冲突的若干基本理论问题》，《中央民族大学学报》（哲学社会科学版）2009年第3期。

何俊芳、周庆生：《语言冲突研究》，中央民族大学出版社2010年版。

赫伯特·施皮格伯格：《现象学运动》，商务印书馆1995年版。

胡佳佳：《不同特质焦虑水平者对情绪面孔的注意瞬脱效应》，硕士学位论文，西南大学，2014年。

胡清芳：《"十三五"时期中华文化走出去路径探析》，《山西社会主义学院学报》2017年第2期。

胡塞尔：《纯粹现象学通论》，李幼蒸译，商务印书馆1992年版。

黄广芳：《现象学视角下高校英语新教师教学生活研究》，博士学位论文，华中师范大学，2011年。

霍恩比：《牛津高阶词典》，商务印书馆2011年版。

姜毅超、李娜、刘淑霞：《硕士生学习生活主观幸福感的测量及影响因素》，《集美大学学报》2010年第4期。

金双龙：《东乡语研究》，博士学位论文，内蒙古大学，2013年。

金小苗：《初中生学习生活满意度量表的编制与应用》，硕士学位论文，浙江师范大学，2006年。

雷婷：《特质焦虑者记忆的情绪性增强效应及其焦虑情绪干预效应研究》，硕士学位论文，陕西师范大学，2015年。

雷宵：《本科生英语学习课堂焦虑调查及其对英语教学的启示》，《外国语言文学》2004年第4期。

李长吉、金丹萍：《个案研究法研究述评》，《常州工学院学报》

（社会科学版）2011年第6期。

李春梅：《上进型大学英语青年教师专业学习个案研究：社会心理学视角》，博士学位论文，北京外国语大学，2015年。

李丹：《语言冲突视角下非洲教育语言政策研究——以南非、尼日利亚、坦桑尼亚为例》，博士学位论文，北京外国语大学，2015年。

李红毅：《印度语言政策与语言民族间的冲突与争论》，《贵州大学学报》（社会科学版）2007年第4期。

李军、陆惠、张卫民：《微信对大学生学习生活的影响及对策研究》，《中国林业教育》2016年第3期。

李森、王牧华、张家军：《课堂生态论的和谐与创造》，人民教育出版社2011年版。

李树英、王萍：《教育现象学的两个基本问题》，《华东师范大学学报》（教育科学版）2009年第9期。

李晓：《中等职业学校学生学习生活研究》，硕士学位论文，浙江工业大学，2008年。

李璇：《双语教育的基本意义》，《考试周刊》2008年第19期。

李艳：《计算机网络对大学生学习生活的影响研究——来自浙江大学的调查报告》，《高等工程教育研究》2008年第4期。

李宇明：《"一带一路"需要语言铺路》，《人民日报》（理论版）2015年9月22日。

李宇明：《和谐语言生活减缓语言冲突》，《语言文字应用》2013年第1期。

刘晓玫、宋庆莉、刘瑶：《教师态度和行为与学生学习生活的关系研究》，《教学与管理》2015年第3期。

柳春香：《特质焦虑大学生注意偏向的实验研究》，硕士学位论文，西南大学，2007年。

鲁克亮、刘琼芳：《西南大学首届免费师范生学习生活状况调查研究》，《中国成人教育》2009年第1期。

陆宏钢、林展：《个案研究：教育研究范式的新转向》，《中国石油大学学报》（社会科学版）2007年第4期。

罗莉：《东乡族双语研究——以临夏回族自治州和政县梁家寺东乡族乡为例》，硕士学位论文，西北民族大学，2015年。

马克思：《马克思恩格斯选集》，人民出版社1995年版。

马克思·范梅南：《生活体验研究——人文科学视野中的教育学》，http：//product.dangdang.com/29167695.html，宋广文译，教育科学出版社2003年版。

马志勇：《"撒尔塔"与东乡族族源》，《西北民族学院学报》（哲学社会科学版）1983年第1期。

麦瑞尔姆：《质化方法在教育研究中的应用：个案研究的扩展》，于泽元译，重庆出版社2008年版。

梅德明：《第二届全国外国语学校及外语特色校校长论坛发言》，https：//www.unischool.cn/c/2016-12-19/125930.shtml，2016年12月15日。

梅德明：《外语学习要从知识本位走向素养本位》，《搜狐教育网》2017年8月21日。

倪传斌、王志刚、王际平、姜孟：《外国留学生的汉语语言态度调查》，《语言教学与研究》2004年第4期。

潘苏东、白芸：《作为质的研究方法之一的个案研究方法的发展》，《全球教育展望》2002年第8期。

潘月洲、沈骑：《美国语言冲突的制度化考察》，《当代外语研究》2014年第9期。

潘章仙：《对我国双语教育的几点思考》，《教育研究》2003年第12期。

庞立生、王艳华：《哲学向生活世界的回归》，《东北师大报》（哲学社会科学版）2003年第4期。

裘晓菁：《高职非英语专业学生英语学习焦虑研究》，硕士学位论文，上海外国语大学，2013年。

尚国文、赵守辉：《语言景观研究的视角、理论与方法》，《外语教学与研究》2014年第2期。

邵新光、张法科：《网络多媒体环境下的大学生英语学习焦虑研究》，《外语电化教学》2008年第3期。

邵秀巧：《特质焦虑者对威胁信息注意偏向的实验研究》，博士学位论文，天津师范大学，2008年。

沈骑：《"一带一路"倡议下国家外语能力建设的战略转型》，《云南师范大学学报》（哲学社会科学版）2015年第9期。

沈骑：《"一带一路"倡议下中国语言规划的五大任务》，《光明日报网》2017年5月7日。

沈骑：《教育语言学何为？——教育语言学的学科特性及其启示》，《当代外语研究》2012年第11期。

苏琴、辛琳：《学生学习生活质量研究的综述》，《教育探索》2012年第8期。

索伦·克尔凯郭尔：《畏惧与颤栗、恐惧的概念、致死的疾病》，京不特译，中国社会科学出版社2013年版。

覃清蓓：《民族地区多元文化聚集中的初中生学习生活创新性研究》，硕士学位论文，广西师范大学，2015年。

谭晓雪：《医学研究生学习生活及焦虑状况研究》，硕士学位论文，南方医科大学，2015年。

唐荣德：《论我国学校学习生活意义的时代抉择》，《广西师范大学学报》（哲学社会科学版）2007年第5期。

唐荣德：《我国学生学习生活的人文性考察》，《教育理论与实践》

2005年第11期。

唐荣德:《学生学习生活研究》,博士学位论文,华东师范大学,2005年。

唐荣德:《学习生活质量:学生发展的本质与路径》,《教育研究》2012年第11期。

唐荣德:《制度化教育下的学习生活探讨》,《广西师范大学学报》(哲学社会科学版)2011年第6期。

唐文芳:《高中生英语学习焦虑的研究》,硕士学位论文,西南大学,2006年。

陶行知:《陶行知全集(第二卷)》,湖南教育出版社1984年版。

陶行知:《陶行知全集——生活即教育》,湖南教育出版社1985年版。

田飞洋、张维佳:《全球化社会语言学:语言景观研究的新理论——以北京市学院路双语公示语为例》,《语言文字应用》2014年第2期。

王才康:《外语焦虑量表(FLCAS)在大学生中的测试报告》,《心理科学》2003年第2期。

王富伟:《个案研究的意义和限度——基于知识的增长》,《社会学研究》2012年第5期。

王俊山、张燕燕、柯慧:《中小学生学习生活质量调查研究——以上海市静安区为例》,《上海教育科研》2011年第1期。

王玲、刘艳秋:《城市语言环境变化与城市语言冲突事件》,《安徽师范大学学报》(人文社会科学版)2013年第5期。

王攀峰:《中小学生学习生活现状的调查与反思重建》,《教育学术月刊》2014年第2期。

王攀峰、张天宝、赵青坡:《中小学生学习生活现状的调查研究》,《教育理论与实践》2014年第20期。

王琦、丁喜善：《中国西部农村中学生英语学习焦虑的调查研究》，《西北师大学报》（社会科学版）2001年第5期。

王玉翔：《希望的教育现象学研究》，硕士学位论文，杭州师范大学，2016年。

武成莉：《大学生焦虑与自我概念、应付方式的相关研究》，硕士学位论文，华南师范大学，2004年。

项贤明：《回归生活世界的道德教育》，《高等师范教育研究》2001年第1期。

辛越优、倪好：《国家化人才联通"一带一路"：角色、需求与策略》，《高校教育管理》2016年第4期。

熊娇：《应用勒温的场论思想营造初中化学课堂教学情境场的研究》，硕士学位论文，湖北师范大学，2016年。

徐丹、文少卿、谢小东：《东乡语和东乡人》，《民族语文》2012年第3期。

徐红罡、任燕：《旅游对纳西东巴文语言景观的影响》，《旅游学刊》2015年第1期。

徐莉莉：《杜威实用主义教育理论与陶行知的生活教育理论之比较》，《高等农业教育》2007年第3期。

许艳：《以学习生活为导向的大学课程电子学习档案评价体系的构建与实践》，《档案学研究》2015年第5期。

薛香莲、刘金荣：《民族文化融合与民族语言冲突》，《晋中师范学院学报》1999年第3期。

杨金龙、梅德明：《新疆双语教育的理性选择与过渡——一项基于语言景观的实证研究》，《语言文字应用》2016年第4期。

杨雅清、方向明：《关注学习生活构建高效课堂》，《教育实践与研究》2012年第4期。

尹文山：《多元化民族语言的迁移性与英语教学的冲突——以云

南省高职英语教学为例》,《广西民族师范学院学报》2014 年第 3 期。

俞玮奇、王婷婷、孙亚楠:《国际化大都市外侨聚居区的多语景观实态——以北京望京和上海古北为例》,《语言文字应用》2016 年第 2 期。

张华:《论核心素养的内涵》,《全球教育展望》2016 年第 4 期。

张丽敏:《理工类专业研究生英语学习焦虑研究》,硕士学位论文,上海外国语大学,2014 年。

张淑华、李海莹、刘芳:《身份认同研究综述》,《心理研究》2012 年第 5 期。

张晓倩:《文科硕士研究生学习生活现状调研——以 C 大学为个案》,硕士学位论文,兰州大学,2013 年。

张钘铭:《外语焦虑的压力应对——中日青年跨文化的语言学习心理》,博士学位论文,华东师范大学,2012 年。

张杨娟:《东乡族妇女宗教生活状况及其心理研究》,硕士学位论文,兰州大学,2009 年。

张媛媛、张斌华:《语言景观中的澳门多语状况》,《语言文字应用》2016 年第 2 期。

赵恒泰:《勒温儿童心理学理论评介》,《天津师大学报》1997 年第 2 期。

赵燕:《中学生英语学习焦虑及其内源性影响因素研究》,硕士学位论文,南京师范大学,2006 年。

钟启泉:《基于核心素养的课程发展:挑战与课题》,《全球教育展望》2016 年第 1 期。

周庆生:《印度语言政策与语言文化》,《中国社会科学院研究生院学报》2010 年第 6 期。

二 英语文献

Aida, Y., Examination of Horwitz, Horwitz and Cope's Construct of Foreign Language Anxiety: the Case of Student of Japanese, *The Modern Language Journal*, 1994, 78: 155 – 168.

AL-Haq, F. A., *A Case Study of Language Planning in Jordan*, Ph. D. Dissertation, Madison: University of Wisconsin-Madison, 1985.

Arnold, J. & Brown, H. J., *Affect in Language Learning*, Cambridge: Cambridge University Press, 1999.

Backhaus, P., *Linguistic Landscapes: A Comparative Study of Urban Multilingualism in Tokyo*, Clevedon: Multilingual Matters, 2007.

Bartos, O. J. & Wehr, P., *Using Conflict Theory*, Cambridge: Cambridge University Press, 2002.

Beck, A. T., Ideational Components of Anxiety Neurosis, *Archives of General Psychiatry*, 1974, 46: 34 – 57.

Bourdieu, P., *Language and Symbolic Power*, translated by Gino Raymond and Matthew Adamson, Oxford: Polity Press, 1991.

Cattell, R. B., Anxiety and Motivation: theory and crucial experiments, In C. Spielberger (eds), *Anxiety and Behavior*, New York: Academic Press, 1966.

Cecillon, J. D., *Language, Schools and Religious Conflict in the Windsor Border Region*, Ph. D. Dissertation, Toronto: York University, 2007.

Cheng, Y. S., Horwitz, E. K. & Schallert, D. L., Language anxiety: Differentiating writing and speaking components, *Language Learning*, 1992, 3: 412 – 446.

Coser, L. A., *The Functions of Social Conflict*, Glencoe, Ill: Free

Press, 1956.

Culler, R. E. & Holahan, C. J., Test Anxiety and Academic Performance: the Effects of Study-related Behaviors, *Journal of Educational Psychology*, 1980, 1: 16 – 20.

Dahrendorf, R., *Class and Class Conflict in Industrial Society*, Stanford, California: Stanford University Press, 1959.

Daly, K. J., *Qualitative Methods for Family Students and Human Development*, Sage, Thousand Oaks CA, 2007.

Deaux, K., Reconstrucing social identity, *Personality and Social Psychology Bulletin*, 1993, 19: 4 – 12.

Eysenck, M. W. & Eysenck, *Personality and Individual Differences*, New York: Plenum, 1985.

Faries, E. J., *Language Education for Northern Native Children: A Case Study*, Ph. D. Dissertation, Toronto: University of Toronto, 1991.

Fairclough, N., *Language and Power*, London: Longman Group UK Limited, 1989.

Fishman, A. J., Bilingual Education: What and Why? In Margaret, A. L. & Nancy Facies Conklin (eds.), *A Pluralistic Nation: The Language Issue in the United States*, Rowley, Mass, 1978.

Fishman, A. J., Critiques of Language Planning: A Minority Languages Perspective, *Journal of Multilingual and Multicultural Development*, 1994, 15: 91 – 99.

Freud, S., *The Ego and The ID*, New York: W. W. Norton & Company, 1960.

Fontana, A. & Frey, J. H., Interviewing: The Art of Science, In N. K. Denzin & Y. S. Lincon (eds.), *Handbook of Qualitative Research*, C. A.: Sage, 1994.

Gardner, R. C., Learning Another Language: A True Social Psychological Experiment, *Journal of Language and Social Psychology*, 1983, 2: 219-239.

Gass, S. & Selinker, L., *Second Language Acquisition: an Introductory Course*, London: Routledge, 2008.

Giles, H. & Johnson, P., The Role of Language in Ethnic Group Relations, In J. C. Turner & H. Giles (eds.), *Intergroup Behavior*, Oxford, UK: Blackwell, 1987.

Glesne, C. & Peshkin, A., *Becoming Qualitative Researchers*, White Plains: Longman, 1992.

Goldberg, L. R., The Structure of Phenotypic Personality Traits, *American Psychologists*, 1992, 48: 26-34.

Gorter, D., *Linguistic Landscape: A New Approach to Multilingualism*, Clevedon: Multilingual Matters, 2006.

Gregersen, T. S., Nonverbal Cues: Clues to the Detection of Foreign Language Anxiety, *Foreign Language Annals*, 2005, 3: 388-400.

Hashim, N. O., *Language and Resistance in Zanzibar*, Ph. D. Dissertation, Charlattesville: University of Virginia, 2006.

Horwitz, E. K., Horwitz, M. B. & Cope, J., Foreign Language Classroom Anxiety, *Modern Language Journal*, 1986, 70: 56-78.

Horwitz, E. K., Preliminary Evidence for the Reliability and Validity of a Foreign Language Anxiety Scale, *TESOL Quarterly*, 1986, 20: 559-564.

Horwitz, E. K. & Young, D. J., *Language Anxiety: From Theory and Research to Classroom Implications*, Englewood Cliffs, NJ: Prentice Hall, 1991.

Himes, J. S., *Conflict and Conflict Management*, Athens: University of Georgia Press, 1980.

Kaplan, R. B. & Baldauf, R. B., *Language Planning: From Practice to Theory*, Clevedon: Multilingual Matters Limited, 1997.

Kecskés, I., *Foreign Language and Mother Tongue*, London: Routledge, 2000.

Kriesberg, L., *The Sociology of Social Conflicts*, Englewood Cliffs, NJ: Prentice-Hall, Inc., 1973.

Krashen, S. D., *Principles and Practice in Second Language Acquisition*, Oxford: Pergamon, 1982.

Kleinmann, H., Avoidance Behavior in Adult Second Language Acquisition, *Language Learning*, 1977, 27: 93–107.

Landry, R. & Bourhis, R. Y., Linguistic Landscape and Ethnolinguistic Vitality: An Empirical Study, *Journal of Language and Social Psychology*, 1997, 16: 23–49.

Lewin, K., *A Dynamic Theory of Personality*, New York: Mcgraw-Hill, 1935.

Lewin, K., *Field Theory in Social Science*, New York: Harpper and Brother Publishers, 1951.

Loos, E., Language Choice, Linguistic Capital and Symbolic Domination in the European Union, *Language Problems & Language Planning*, 2000, 24: 37–53.

Lopez, K. A. & Willis, D. G., Descriptive Versus Interpretive Phenomenology: Their Contributions to Nursing Knowledge, *Qualitative Health Research*, 2004, 14: 726–735.

Luo, J. J., Chinatown in Washington DC: The bilingual landscape, *World Englishes*, 2012, 31: 23–35

Mack, R. & Snyder, R. C., Approaches to the Study of Social Conflict: A Colloquium, *Conflict Resolution*, 1957, 2: 217-218.

MacIntyre, P. D. & Gardner, R. C., Methods and Results in the Study of Anxiety and Language Learning: A Review of the Literature, *Language Learning*, 1991, 39: 356-378.

MacIntyre, P. D. & Gardner, R. C., Language Anxiety: Its Relation to Other Anxieties and to Processing in Native and Second Languages, *Language Learning*, 1991, 41: 513-554.

MacIntyre, P. D. & Gardner, R. C., the Subtle Effects of Language Anxiety on Cognitive Processing in Second Language, *Language Learning*, 1994, 44: 23-41.

MacIntyre, P. D., Language Anxiety: A Review of the Research for Language Teachers, In Young, D. J. (Ed.), *Affect in Foreign Language and Second Language Learning*, Boston: McGraw-Hill, 1999.

McCroskey, J., Validity of the PRCA as an Index of Oral Communication Apprehension, *Communication Monograph*, 1978, 45: 236-267.

McCroskey, J., Fayer, J. & Richmond, V., Don't Speak to Me in English: Communication Apprehension in Puerto Rico, *Communication Quarterly*, 1985, 25: 185-192.

McCrae, R. R. & Costa, P. T., *Personality in Adulthood: A Five-factor Theory Perspective*, New York: Guilford Press, 2003.

Merritt, S., *Conflicting Ideologies about Using and Learning Spanish across the School Years: From Two-Way Immersion to World Language Pedagogy*, Ph. D. Dissertation, Berkeley: University of California, Berkeley, 2011.

Merriam, S. B., *Case Study Research in Education: A Qualitative Approach*, San Francisco: Jossey-Bass, 1988.

Nelde, P. H., Language Conflict, In F. Coulmas (ed.), *The Handbook of Sociolinguistics*, New York: Blackwell, 1998.

Ohman, A., Fear and Anxiety as Emotional Phenomena: Clinical Phenomenology, Evolutionary Perspectives and Information-processing Mechanism, In M. Lewis & J. M. Haviland (Eds), *Handbook of Emotion*, New York: the Guilford Press, 1993.

Orosz, K. J., *Religious Conflict and the Evolution of Language Policy in German and French Cameroon*: 1885 – 1939, Ph. D. Dissertation, New York: State University of New York, 2003.

Patton, M. Q., *Qualitative Evaluation and Research Methods*, London: SAGE Publications, 1990.

Paulston, C. B. & McLaughlin, S., Language-in-Education Policy and Planning, *Annual Review of Applied Linguistics*, 1993, 14: 53 – 81.

Phillips, E. M., The Effect of Language Anxiety on Students' Oral Test Performance and Attitudes, *The Modern Language Journal*, 1992, 70: 14 – 26.

Salada, M. L. & Adorno, R. C., Phenomenology as a Method to Investigate the Experience Lived: A Perspective from Husserl and Merleau Ponty's Thoughts, *Journal of Advanced Nursing*, 2002, 37: 282 – 293.

Saito, Y., Horwitz, E. K. & Garza, T. J., Foreign Language Reading Anxiety, *Modern Language Journal*, 1999, 83: 45 – 68.

Sarason, I. G., The Text Anxiety Scale: Concept and Research, In Spielberger C. & I. Sarason (ed.), *Stress and Anxiety*, Washington: Hemisphere Publishing Corporation, 1978.

Schellenberg, J., *Masters of Social Psychology*, Oxford: Oxford University Press, 1978.

Scovel, T., The Effect of Affect on Foreign Language Learning: A Review of the Anxiety Research, In E. K. Horwitz & D. J. Young (Eds.), *Language Anxiety: From Theory and Research to Classroom Implications*, Englewood Cliffs, NJ: Prentice Hall, 1978.

Schmitt, N., *An Introduction to Applied Linguistics*, London: Arnold, 2002.

Sieber, J. E., *Planning Ethically Responsive Research*, Newbury Park: Sage, 1992.

Simmel, G., *Conflict and the Web of Group Affiliations*, translated and edited by Kurt H, Wolf and Reinhard Bendix, New York: The Free Press, 1922.

Simpson, G., *Conflict and Community: A Study Theory*, TS Simpson, 1937.

Swaan, D., *Words of the World: the Global Language System*, Guangzhou: Huacheng Press, 2001.

Stake, R. E., Case Studies, In N. K. Denzin & Y. S. Lincon (eds.), *Handbook of Qualitative Research*, C. A.: Sage, 1994.

Steinberg & Horwitz, E. K., The Effect of Induced Anxiety on the Denotative and Interpretive Content of Second Language Speech, *TESOL Quarterly*, 1986, 20: 131–140.

Spolsky, B., Prolegomena to a Sociolinguistic Theory of Public Signage, In E. Shohamy & D. Gorter (eds.), *Linguistic Landscape: Expanding the Scenery*, London: Routledge, 2009.

Spielberger, C., *Manual for the Stare-trait Anxiety Inventory*, Palo Alto: Consulting Psychological Press, 1983.

Tajfel, H. & Turner, J. C., An intergrative theory of intergrop conflict, In W. G. Austin & Worchel (Eds.), *The Social Psychology* of Intergroup Relations, Monterey, CA: Brooks, 1979.

Van Manen, M., Phenomenological Pedagogy and the Question of Meaning, In D. Vandenberg (Ed.), *Phenomenology and Educational Discourse*, Durban: Heinemann Higher and Further Education, 1996.

Vogely, A. J., Listening Comprehension Anxiety: Students Reported Sources and Solutions, *Foreign Language Annals*, 1998, 19: 439 – 445.

Walters, A. J., The Phenomenological Movement: Implications for Nursing Research, *Journal of Advanced Nursing*, 1995, 22: 791 – 799.

Watson, D. & Friend, R., Measurement of Social-evaluative Anxiety, *Journal of Consulting and Clinical Psychology*, 1986, 43: 384 – 395.

Weber, M., *From Max Weber: Essays in Sociology*, translated and edited by H. H. Gerth and C. W. Mills, New York: Oxford University Press, 1958.

Williams, M. & Burden, L., *Psychology for Language Teachers: a Social Constructivist Approach*, Cambridge: Cambridge University Press, 1997.

Young, D. J., Creating a Low Anxiety Classroom Environment: What Does Language Anxiety Research Suggest? *The Modern Language Journal*, 1999, 75: 426 – 439.

Yin, R. K., *Case Study Research Design and Methods*, London: SAGE Publications, 2003.

Yin, R. K. & Davis, D., Adding New Dimensions to Case Study Evaluations: The Case of Evaluating Comprehensive Reforms, *New Directions for Evaluation*, 2007, 113: 75 – 93.

附录一　外语课堂焦虑量表

亲爱的同学：

　　您好！非常感谢您花费宝贵的时间参与本次测试，您认真负责的态度对本次研究十分重要。您所填写的个人信息以及答案都会经过保密处理，仅供本次研究的数据统计。问题的答案没有对错之分，请您按照自己在英语课堂中的真实感受填写，不必担心对错与否。谢谢！

个人信息

性别：　　　　年龄：　　　　民族：　　　　家庭所在地：

年级：　　　　专业：　　　　手机号码：

　　答题要求：请仔细阅读以下三十三条题目，根据自己在英语课堂中的真实感受，选择合适的答案。其中 A 代表"非常不同意"、B 代表"不同意"、C 代表"不确定"、D 代表"同意"、E 代表"非常同意"。

1. 在课堂上用英语讲话时，我对自己很没有信心。
   A　　　B　　　C　　　D　　　E

2. 我并不担心自己在英语课堂上犯错误。
   A   B   C   D   E

3. 英语课上,当我知道老师将要对我提问时,我会紧张得发抖。
   A   B   C   D   E

4. 英语课上,当我听不懂老师用英语说什么时,我就觉得害怕。
   A   B   C   D   E

5. 多上几节英语课不会使我烦恼。
   A   B   C   D   E

6. 英语课上我经常走神,想一些与课程内容无关的事情。
   A   B   C   D   E

7. 我总是觉得班上同学的英语水平都比我强。
   A   B   C   D   E

8. 英语考试对我来讲是轻松自如的。
   A   B   C   D   E

9. 在没有提前准备的情况下让我用英语发言,我会很慌张。
   A   B   C   D   E

10. 我每次英语考试以后总担心不及格。
    A   B   C   D   E

11. 我无法理解为什么有些同学对英语课如此提心吊胆。
    A   B   C   D   E

12. 在英语课上,我会很紧张、忘记自己学过的知识。
    A   B   C   D   E

13. 我觉得在英语课上主动回答问题很尴尬。
    A   B   C   D   E

14. 我使用英语与外国人交流的时候不会觉得紧张。
    A   B   C   D   E

15. 当我对英语老师已纠正过的错误仍不理解时，我会感到很不安。

      A   B   C   D   E

16. 即使课前我充分预习，英语课上我仍然感到紧张。

      A   B   C   D   E

17. 我经常有逃避英语课的冲动。

      A   B   C   D   E

18. 在英语课堂上讲英语的时候我很有信心。

      A   B   C   D   E

19. 一想起英语老师会随时纠正我的每个错误，我就感到害怕。

      A   B   C   D   E

20. 英语课上每当要被点名回答问题时，我就能听到自己的心跳。

      A   B   C   D   E

21. 英语考试前我越努力复习，就越感觉到迷茫。

      A   B   C   D   E

22. 对于英语课前的预习任务，我并不觉得有很大的压力。

      A   B   C   D   E

23. 我总觉得班里其他同学的英语说的比我好。

      A   B   C   D   E

24. 在同学面前讲英语的时候我觉得很自然。

      A   B   C   D   E

25. 我总害怕英语老师讲的太快，自己跟不上进度。

      A   B   C   D   E

26. 与其他课程相比，英语课让我更加紧张。

      A   B   C   D   E

27. 英语课上讲英语，会让我感觉迷茫、紧张。

    A   B   C   D   E

28. 每次去上英语课的路上，我都感觉心里很轻松。

    A   B   C   D   E

29. 我需要听懂老师讲的每一个英语单词，否则我会感到紧张。

    A   B   C   D   E

30. 我觉得很难应对口语中大量的规则。

    A   B   C   D   E

31. 当我讲英语的时候，我害怕同学们嘲笑我。

    A   B   C   D   E

32. 当周围有很多讲英语的外国人时，我可能仍然会很从容。

    A   B   C   D   E

33. 若英语老师对我的提问没有提前准备过，我会感到紧张不安。

    A   B   C   D   E

附录二 第一阶段访谈提纲

访谈目的：旨在对研究对象的教育背景与生活经历进行一定的了解，聚焦每位研究对象的学习生活特点与困境，为下一阶段的针对性观察与交流做准备。

计划访谈时间：约一小时左右，根据研究对象的具体情况适时调整。

访谈提纲：

1. 教育背景与生活经历

（1）先谈谈你的家乡、你的家人吧？

（2）平时有哪些兴趣爱好啊？是否考虑过以后想做什么工作？

（3）小学、中学分别都是在哪里上的？分别是哪年、在哪所学校就读？

（4）中小学时期，对英语课有什么感受？觉得难度大吗？都有哪些困难？

（5）中小学时期，除了上课，平时还有哪些课余活动？

2. 现阶段的学习生活体验（英语学习的特点与困境）

（1）现在读什么专业？当时为什么要选择这个专业？喜欢你目前所学的专业吗？

（2）对大学英语有什么感受？觉得难度大吗？都有哪些困难？

（3）上述困难你一般都是如何应对的？

（4）你觉得学习英语的主要原因是什么？

（5）除了上课以外，课后会不会再学英语？具体是如何学的？

（6）平时还有哪些课余活动？课余活动的成员？

3. 对现阶段学习生活的反思

（1）如何评价自己的整体学习与生活境况？

（2）如何评价自己的英语学习？是否计划改进？从哪些方面改进？

（3）如何评价目前的大学英语课堂教学？

（4）如何评价自己的课余生活？

4. 对自己的未来有何计划？（根据时间酌情删减）